最好的教練，不給答案

打造日本第一的最強領導法，日本冠軍教練不藏私的執教指南

Y O S H I I M A S A T O

吉井理人——著

科科任——譯

最高のコーチは、教えない

前言

自己想怎麼做由自己決定。
不願被他人束縛。
只要自己成績好就好。
比起團隊更在乎自己。

會拿起本書就讀的你，是否也曾為如何培養下屬、年輕人，或是該怎麼指導團隊，而感到煩惱呢？

該怎麼做，才能提升大家的幹勁，並徹底激發潛力、繳出亮眼表現呢？該怎麼做，

才能讓所有人都獲得成長呢？

再者，還有像是「自己的『指導方式』到底正不正確」之類的煩惱，總是一個一個接踵而來。

這本書要介紹的，就是該怎麼做，才能最有效地引導出個人能力，繳出好成果的方法。

這個方法，重點不在於「教到會」。而是透過詢問、溝通，刺激對方深度思考的「指導」技術。

在職業的世界成為教練

我現今在千葉羅德海洋隊擔任投手教練。*

職棒選手相當任性。以前我當球員時也是如此。不只職棒選手，職業運動員都是這副德行。畢竟，若是缺少那種氣魄，就沒辦法在專業的世界中生存。

這般任性的氣質，會隨著成長為「一流」水準的時候，漸漸因個性成熟而消失。然而，選手們還在以一流為目標，橫衝直撞求進步的階段時，很難不存在這種任性。

因此，職棒選手極端厭惡高高在上、只看結果所做的指導。**對選手而言，事前不好好教學，事後又只針對缺陷批評的教練，是最討人厭的類型**。選手們更不想聽教練吹噓自己的豐功偉業，如果是失敗的經驗就算了，但成天自吹自擂當年勇，實在令人受不了。

我非常討厭這類教練。我一直以為，只有沒水準的人才會去當教練。即使引退了，我也絕對不想擔任教練。

二〇〇七年，我以四十二歲之齡高掛球鞋。

就在那時，我從經紀人團野村那裡，收到了來自北海道日本火腿鬥士隊邀請，希望

＊翻譯註：指撰文時的時間點，二〇二三年作者吉井為羅德隊總教練。

我去當球隊的投手教練。那時，我認為自己還有能力在場上奮戰，所以對於該直接引退，還是繼續球員生涯舉棋不定。然而，團野村卻這麼告訴我：

「有太多執著於延續球員生涯，而錯過工作機會的選手，我都看到膩了。既然出現了工作機會，就必須趁機把握。阿吉，現在正是你引退的最佳時機。」

於是，我接受了當投手教練的邀請。

我當上了絕對不想當的教練。該怎麼辦才好，我一點頭緒都沒有。雖然試著以選手的立場去思考，但想到的都是當球員時，讓人心生厭惡的各種指導。如果我也只能依樣畫葫蘆，不就也同樣會變成討人厭的教練了嗎？我對於自己成為教練一事感到可恥。

無法一下子就成為指導者

再這樣下去，是教不好球員的。

自從接任了教練，我就重新開始思考，該怎麼進行指導才對。也回顧自己在當球員的時候，究竟都是怎麼被教的。

一如預料，腦中浮現的，盡是些討人厭的回憶。我打開筆記本，想把事情分成「好的部分」、「壞的部分」一一整理。然而，壞的部分罄竹難書，好的部分卻是想破頭都沒半個。

這也是理所當然的。自從高中畢業加入職棒以來，我腦中就只想過「該怎麼讓自己的投球變好」而已。

只顧著考慮自己的人，在毫無準備的狀況下，一下子成了指導者，當然只能重複傳達自己的經驗而已。即使我瞭解選手並不喜歡那樣，但我卻想不出任何其他的指導方法。

再說，我可不認為我是那麼厲害的職棒選手。

我的作法確實適合我自己，但我是位和頂尖談不上邊的球員，差不多只有「一流半到二流之間偏高一點」的程度而已。我不認為這種選手的作法，可以適用於現役的球員們，連充滿自信地去傳授經驗都做不到，我越是深入思考，就越覺得自己根本不適合當教練。

即使如此，我還是不想使用會讓選手厭惡的方式指導。

我能做的選擇只剩一個：**好好觀察選手，我決定要徹底做到這點**。講得好像很了不起，但實際上是我根本不知道該怎麼當教練，所以也只能好好觀察選手而已。幸好，我起碼還算能靠著自身經驗，回答選手們的提問。

我沒辦法抬頭挺胸，大聲說出「我就是教練」。到頭來，我依然只能再次複誦自我經驗，進行讓球員厭惡的那種指導而已。

所謂的「指導法」，是從和對象溝通開始做起

就在這個時候，我想起了某件事情。

那是我加盟紐約大都會隊，第一次參加春訓時的事。當時我練投過幾次，但教練卻一直都沒來找我講半句話。

「不跟我提點些什麼嗎？」

當我這麼想的時候，投手教練鮑伯・阿波達卡（Bob Apodaca）才緩緩地晃了過來。「終於有建議要跟我說了。」我內心本來是這麼期待著，但卻聽到了意外的發言。

「在這個球隊裡面，沒有人比你更瞭解你自己。所以請你先告訴我：你是怎麼去投球的。在這個前提之下，我們再討論該怎麼做，對你而言會是最好的選項。」

我嚇一大跳。從未有教練對我說過這種話。

在日本，教練都是以自己的標準衡量選手。如果選手不適用自己的標準，就會把人改成像是教練的樣子。然而，阿波達卡教練卻是先瞭解我是什麼樣的投手、我希望能投出什麼樣的內容，再以此為方向給出建議。聽了阿波達卡教練的話，讓我覺得在這個國家，或許能留下一番作為。

那時我有寫日記的習慣。在日記的最後，我寫下：如果哪天自己成為了投手教練，千萬不要忘記今天的事情，因此特別銘記於此。這一席話深深烙印在腦海中，對我產生巨大影響。

其實在大聯盟中，阿波達卡教練並不算評價非常好的一位教練。以大聯盟教練的標準而言，他給的指導實在太多了。然而，他仍是我印象裡最好的一位教練。對曾經打過日本職棒的我而言，他已經是相當尊重選手自主性的教練了。

一般日本棒球教練秉持的指導方法，就是如此忽視選手的意願。

即使繳出成果，但弄錯教學方式也沒有意義

在職棒界，教練和選手的關係，至今都是以「師傅和徒弟」的形式為主流。師傅傳授技術和心得，是不容挑戰的存在。因此「要變得像我一樣」，在某方面是必然的。然而這樣的指導，只能複製出自己的簡陋贗品而已。**一旦消除了選手本來的性格，就無法**

完全發揮他們真正的力量。

明明我最討厭如此，卻發現自己步上了後塵。

不過，我並不是積極地在灌輸自己的經驗，只是被問時會如此回答，跟其他教練不一樣。對選手而言，應該沒有造成什麼不愉快。這是我用來安慰自己的理由，試圖搪塞我教練能力不足的事實。雖然當了兩年的投手教練，內心卻從未停止想過「這樣子真的好嗎？」

但是，結果卻是好的。過去沒贏過的投手拿下了勝投；岌岌可危的老將表現回春；以前狀況好壞極端的投手，投球內容漸漸能穩定下來。以整個團隊來說，當教練第一年的二〇〇八年，保住了第三名位置，二〇〇九年則拿下聯盟冠軍。

雖然有了好結果，但卻不是靠我的力量。以一位教練而言，我的作法是錯誤的。但我也不曉得該怎麼指導才對。覺得來到臨界點的我，知道如果不好好學習，遲早哪天會露出馬腳。

歷經兩年一軍投手教練，我反而開始考慮，是不是應該先到二軍去教年輕選手會比較合適。一軍需要立即展現成果，指導起來相對困難。若是在二軍，一邊指導需要長期規劃、培育的年輕選手，反倒能夠一邊摸索怎麼當教練才好。

就在這時，球隊剛好要找二軍教練，於是就和我簽下兩年二軍投手教練的合約，開始指導年輕球員，但意外就在這時發生。

二〇〇九年，在火腿擔任二軍投手教練的小林繁先生，代替我升上了一軍當投教。然而，二〇一〇年春訓前夕的一月十七日，小林先生因心肌梗塞突然過世。我在當了一年二軍教練之後，又被召回了一軍。

我之所以去到二軍，是希望能夠對於還在成長的選手們，嘗試各種不同的教學方法。也就是「能讓選手發揮本性的指導方法」。

至今為止的職棒圈內，在開賽後檢討會時，總是讓選手們拿著筆記，教練則站在大家面前，單方面教訓他們「那時那樣投球不行，下次要這麼做」。選手們即使沒有深入理解，也會回答「我知道了」應付過去。如此一來，就成了選手們厭惡的「結果論」形式的指導而已。

所以我將檢討會議改成：要求那天沒上場的投手，扮演新聞記者的角色，仔細觀察場上的內容。賽後，由那些扮演新聞記者的選手，針對上場選手進行發問。

這是針對「回顧檢討」的指導法。我發現**不由教練直接講，而是由選手們自行回顧檢討，更能發揮效果**。

透過這個方式，那些上場的投手能夠更客觀地審視自我，並以此加強訓練。至於擔任記者的選手，也能夠透過觀察，練習抓住比賽重點。我認為不管是在場上投球的球員，還是在場下看比賽的選手，只要把比賽當成自己的事情去感受，就能夠有所成長。

然而，在做好充足的實驗之前，我就被拉到一軍了。

必須將「指導方法」視為專業理論進行鑽研

再這樣隨波逐流下去，我就不可能做好教練工作。

思及至此，我認為有必要系統性地學習指導理論。

因此，我進入筑波大學研究所人間綜合科學研究科體育學專攻課程，從最初開始學習體育的指導法。我在研究所裡學到的理論，成為我實踐指導的基礎。

也就是說，我的指導哲學，來自於我在研究所學到的東西。

教練的工作並非「教學」，而是「刺激思考」

當教練就會感受到，很難去瞭解選手在想什麼。現役的球員在累積經驗後，會在經驗中萌生改變的想法，覺得自己應該怎麼做才對。過了一陣子，選手們的提問也變得越加犀利。因為問題實在太尖銳了，使得場面也會變得殺氣騰騰。然而，我卻故意不出手阻止。

如果被學弟戳到痛點，前輩當然難免動氣。但是，這時若顧慮前輩的心情，就會錯失成長的機會。即使選手不滿，還是期盼他們能靜下心來反省、回答。如此冷靜且確實的分析與檢討，才能夠幫助到下次的投球。

提問越來越刁鑽的投手，以及能夠確實分析，反省自己投球的投手，練習時的樣子也會大不相同。這就是成果的展現。

教練的工作，在於讓選手們自發思考，設定課題，引導他們自身追求更高更強的能力。

本作的書名《最好的教練，不給答案》，正是秉持著：如果不顛覆「指導者＝教學的人」的觀點，就沒辦法將一個人能力最大化的想法而命名。

本書將介紹我的指導法理論，也就是並非「教學」，而是「促進思考」的論點及實踐方法。

這是我透過指導職棒球員所建立的指導法，但我認為在任何領域裡能通用。

如果，本書能夠幫助到煩惱該如何指導下屬的上司，或是負責培育組織的指導者，那也算是功德圓滿了。

請各位讀一讀，改變自己的觀點，實際嘗試看看。

※本書為二〇一八年出版《最好的教練，不給答案》改編的口袋書版本（此指日本方面）。另外，本書提及的人物及所屬球隊，皆為單行本出版當下的狀態，在此特作說明。

【目次】

第一章 教練為什麼不能「給答案」

第二章　指導法的基本理論

第三章 如何實踐指導法

第四章 創造最佳成果的九大教練守則

第一章

教練為什麼不能「給答案」

不能給答案的理由①

對方與自己的經驗、常識、感覺都不盡相同

在介紹「指導」的理論之前，我先搭配自己的經驗，闡述教練為什麼不能直接給選手答案。

在我還是選手時，體驗過數之不盡、令人厭惡的指導方法。

高中畢業後加盟職棒時，我的感受和教練明明就不一樣，但卻沒有任何能夠溝通、瞭解彼此差異的機會，只一味受到填鴨式教育，覺得難以適應。

好比說鍛鍊體能。我想提升肌肉的爆發力，所以想做短距離的衝刺，但教練卻要我

增強體力，命令我長跑練習。

好比說鍛鍊肌肉。實際上我想鍛鍊臂力、腿部和背筋，卻被打了回票，只能被強迫一直鍛鍊腹肌，練到像是得了腸扭轉症一樣。

強制性指導讓人失去目的

在這種時候，如果教練願意跟我溝通，讓我知道這兩個練習，是為了突破眼下瓶頸而採取的必要訓練，那我就能接受並全力投入。**然而，在無視意願、強制要求下，我就會因為不懂為何而做，造成訓練效果打折**。我真心厭惡那種無視選手的感受，只一味灌輸自己經驗的教練。

技術面也是如此。關於投球時的出手角度，我自己希望能夠提高到某個位置。但是教練完全不管我的意見，硬要我用另一個角度投球。因為感覺不對所以無法理解，因為無法理解而無法接受。我對只能聽從教練指導感到厭煩，一直無法走出這個狀態。

指責失誤只會傷害自尊心

討厭的還有在眾人面前，因失敗遭斥責。選手明明就知道自己錯在哪裡，如果不知道也就算了，但既然都曉得了，還故意要在大家面前罵人，只是在傷口上灑鹽、傷害球員的自尊而已。也曾經發生過選手難得在反省了，結果被這樣一搞，反而刻意不當一回事，開始鬧起彆扭的狀況。

在我的腦海裡，清楚設想過需要短距離衝刺的理由。我體力並不差，所以認為增加爆發力會更有效果。因此短距離衝刺的訓練更適合我。這就是原因。

當然，要是教練有其他論點能夠推翻我的說法，藉此說服我去長跑的話，我也會甘之如飴。**然而，他們卻沒有半點理論，只是根據自己的經驗，認為投手就是要先儲備體力，這就讓人不高興了。**完全沒有說明理由，叫你「做就是了」只會招來反感。選手五花八門，每個人的常識都不同，肯定也不會和教練的完全一樣。

首先觀察對象，從談話開始

對於進到職棒的選手來說，很多人都有自己想要嘗試的東西。意見不同時，若是好好以理論說明差距，讓對方能夠認同，才能夠讓教練的指導得以發揮。

但是，不說明理由，只會講「別抱怨那麼多，去做就對了」，會讓選手失去熱忱。

不過，對於完全不知道該怎麼辦的選手，「去做就對了」也有收到指導效果的時候。既然哪種方法都有用，那就有必要從觀察選手、和選手談話開始做起。

如果不是這樣，讓不同的投手都去做同一種訓練，選手就不會改變成長。當然，教練這麼做是為了選手好，在大家的面前數落失誤時也是如此，他們只是想將一個人的失敗，當作是所有人的借鏡而已。

雖然我能理解，這些指導都是為了選手著想，然而那也是因為教練不會溝通，結果只能用這種方法。或許我在過去，是個狂妄的高中新人，但對這種教練是打從心裡不認同的。

教練不能給答案的理由

- 教練和對象的經驗、感受有差
- 失去目的
- 傷害自尊心

不能給答案的理由②

「強加於人」的溝通法會剝奪動力

在職業世界裡，生存競爭永不止息。能夠脫穎而出、立下實績的教練們都值得尊敬。

然而，「強加於人」的指導方式，只能偶爾在適合這種方法的選手上見效。因此，站在啟發團隊及選手個人能力的角度來看，這種方法和賭博沒有差別。最近不走這套的教練已經越來越多了，但我認為應該還有增加的空間。

身處指導立場的教練，是不能缺乏職業意識的。

棒球以外的項目，像是橄欖球和足球，想要成為指導者，就有義務先取得相關認證。而那種課程中，都會學到「給予選手們主體性，好好互相溝通」的概念。但在棒球界卻沒有相關的認證制度，無法在既有的系統下學到這個道理。

溝通能力不好，就無法說清楚真正想表達的意思

這是我加入職棒第三年，首次拿下一軍勝投那天的事。

我在比賽後回到宿舍，內心仍充滿亢奮的情緒。在食堂吃晚餐時，曾經指導過我的二軍教練，這天偶然在同間宿舍下榻，因此也出現在食堂吃飯。他看到我之後，就用盛氣凌人的口吻說：

「雖然僥倖贏了，但今天的投球內容完全不行啊。」

接著，他單方面指責如果不這樣子不行，不那樣子不行的說教就開始了。我原先心情正好，還一邊陶醉在一軍的勝利中，一邊享用著餐點，卻碰到二軍教練自顧自地發表

長篇大論，惹得我非常不爽。不過，教練就是教練。

「算了，他是二軍教練，也沒辦法。」

儘管默默耐著性子聽，但這個「教學」過了十分鐘、二十分鐘，都沒有要停下來的意思。我的怒氣達到了臨界點，忍不住將筷子摔在桌上，站起來打翻了餐盤。

「你這傢伙，在幹嘛！」

現在想想，這不是頂撞，只是單純發洩而已。但遭到年輕人忤逆，使得二軍教練勃然大怒，一邊喊著「幹什麼，什麼態度！」一邊開始朝我身上揍。

因為覺得自己確實有對不起二軍教練的地方，所以即使被打個三拳左右我也就忍了下來。但是二軍教練似乎打我打上癮似的，使我在不知不覺間握緊了拳頭。數到被打了十幾下後，我再也忍不下去了。

「喂！你搞什麼！」

我衝向二軍教練，認真想要扁回去。這時，旁觀的前輩從後方架住了我。

「別這樣！」

看起來前輩們早就預料到我會回擊，所以一直做好準備，以便隨時都能阻止我。那次事件就這麼收場了，我被前輩幫了一把。不管是什麼理由，選手對指導者出手，就是選手的不對。我能沒被球團炒魷魚，達到後來的棒球成就，都要多虧前輩的機伶反應。

然而想動手回去的我也有問題。只能說兩邊的溝通方式都太糟糕，無法傳達出本意，才會落得如此難堪。

二軍教練的意思，是要告訴拿了首勝而得意忘形的我，職業的世界可沒有這麼好混，要更加謙虛學習才行吧。事到如今，我能夠體會這種心情。

因為教練拙劣的溝通，使得許多選手喪失了熱情。在剛剛的例子裡，應該要先對拿到首勝的我「誇獎」在前。接著再開始詢問，瞭解選手對於比賽中的投球有什麼看法。

而教練自己的意見，則放在這之後才講。有了先前兩階段的溝通，選手就能聽進教練的話。

不能給答案的理由③

「多餘的話語」將擾亂注意力

球員生涯來到晚年時，我的心態已經變得堅強。身為一個老手，我有著無論教練講出什麼奇怪的言論，都能不為所動的自信。

有次賽前，我像往常一樣到牛棚熱身投球。狀況算是馬馬虎虎，稱不上非常好，但也不差。在旁邊站著的教練看著我投球，頭歪了歪。過一會兒，他走到我的旁邊。

「阿吉，你以前就是這樣投球的嗎？」

賽前的這句話產生了影響。我原先感覺上沒什麼問題，但就是在意教練的這句話。以為不管被講什麼，都不會產生動搖的心，如此輕易地就崩解了。

「咦？跟平常有什麼不同的地方嗎？」

在進入牛棚後，我開始進行模擬對方上場打擊時的實戰演練。但因為被說了那句話，結果都在注意自己的投球姿勢，明明比賽就要開始了，我卻完全無法專注。

即使比賽開打，我內心還是在意投球動作，沒辦法集中精神對決打者。於是從第一局就慘遭痛擊，被KO下場了。

教練不能不瞭解自己話語的重量

那個教練其實沒有打算要深入分析，指出我投球動作有什麼不對的地方。純粹是沒有想太多，隨口想到什麼就講什麼罷了。

但是，教練不能不瞭解自己話語的重量。任何脫口而出的東西，都會擾亂選手的精神狀態。

就算是同一句話，對於年輕選手、主力選手及沙場老將，意義都不盡相同。同樣是年輕選手，能力平凡跟能力好的球員，認知也不太一樣。因為教練說出口的一字一句，都有著巨大影響力，所以必須慎重思考，瞭解選手們會怎麼解讀。

我自己也是還在學習中的教練，有時也不清楚這樣講了到底對不對。不過，我在一邊指導時，會一邊找尋在這個場合下適合的用詞是什麼。不同的選手，對同一句話的解讀方式也不同。必須觀察選手、和選手們聊過，完全掌握選手表現的狀態，才能夠做出判斷。教練得用自己的雙眼看著選手，以及說話時感受到的印象，作為該怎麼表達的依據。

我也曾在危機時走上投手丘。身為投手教練，這是為了傳達休息室的戰術指示。然而，有的選手屬於被痛擊後，就會陷入混亂，沒辦法好好將指示聽進去的類型。此時比起詳細的命令，選擇大而化之的鼓勵用詞，更能讓這種選手能夠放下心來，回到得以接收指示的狀態。相對的，也有聽了詳細的指示，才能夠冷靜下來的選手，因此必須時常思考，每個選手該怎麼溝通才會有效。

使用信任對方、能提起幹勁的話語*

要提振球員幹勁的時候，我都會這麼說：

「好，按呢就好！」

我不會用下令的語氣講「你要這麼做」，而是先聽聽看球員「你想要怎麼做呢」，在對方說出答案後告訴他「好，按呢就好」。在沒有其他預定計畫時，選擇信賴球員，將場面交給他們判斷，等於以教練的身份表示「照你想的去做就行了」。

「試看覓。」

練習時我經常會這麼說。對我來講，這也包含著「接下來會如何，就端看你的表現了」的意思。選手想這麼做也好，不這麼做也罷，這句話往哪邊解釋都行。教練想將選擇權交出，讓對方充分發揮主體性，就必須在語言上下足功夫。

或許，這就是方言的優點也說不定。在標準國語裡，語感和「試看覓」、「按呢就好」類似的語句，在我的認知裡是沒有的。好比說比起「往前進」，方言的「向前行」更讓人能感受到自主性、產生自我動機，被教練強押著的感覺也會蕩然無存。知道該怎麼運用語言，引導出球員的自主性，對教練來講是非常重要的工作。

原本教練和選手的「社會的勢力」就不相同。「社會的勢力」是社會心理學的專門用語，會暗中大幅影響每個人的行動準則。無論年齡還是實績，教練的社會地位，怎麼樣都是在球員之上。

---

* 譯註：這邊原文是以大阪腔和標準日文作對照，這裡先暫以台語替代。

但是，指導法的基本，就是要選手自己當家做主。如果教練說出強硬的用詞，會無形中強調上下關係，使得本來該站在同一陣線的教練，反倒造成選手的壓力。這點不多加注意不行。

不久前，NHK大河劇《真田丸》裡面，真田幸村說了「勞駕諸位，大展身手吧」這句話。雖說講話方式怎麼樣都行，不過選擇能夠傳達給選手，讓他們能夠自主做出行動的用詞，更是較理想的選擇。

以對象為主角，是指導法的基礎

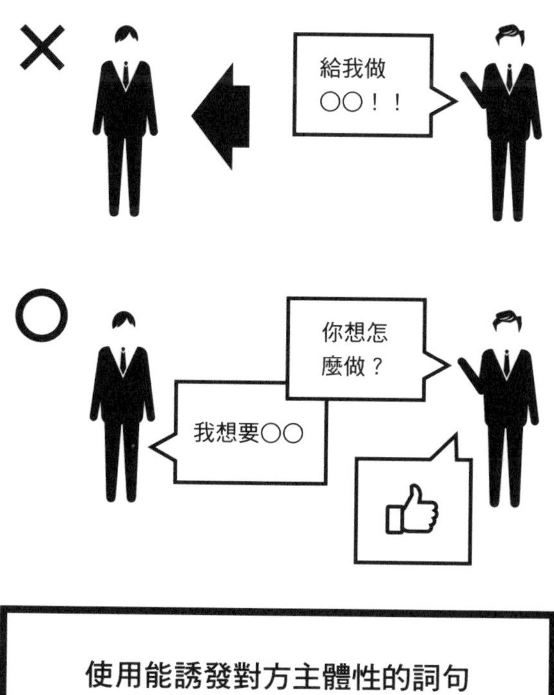

使用能誘發對方主體性的詞句

不能給答案的理由④

「糟糕的建議」會讓表現下滑

這是我在當二軍教練時的事情。

那時有一位球速很快，只要狀況不錯，就能以強力投球壓制敵隊的投手。然而他不太懂得怎麼運用身體，他施力時的樣子，就像是被打到岸上，彈跳掙扎著的魚兒一般。這樣控不好自己的力道，往往投球時都得卯足全力。

比賽中，投手丘上的他經常用力過猛，結果投不進好球帶，毫無穩定性可言。看到他的樣子，我就回想著自身過去的經驗，來設想他如果投球少個兩成力道，是不是就能夠變得更好。

「那個啊，稍微放鬆點力道如何？你每次上了投手丘，都是用百分之一百二十的力量在丟。之後試著感覺用百分之六十的力量投，出來的結果差不多就剛好會是百分之百了，這樣試試看吧。」

因為那個選手也知道自己用力過猛的毛病，所以接受了。

「確實呢，我也是這麼想的。就試試看吧。」

講完後回歸練習，就看到他用百分之三十左右的力量在投球。因為是練習，所以我認為只有百分之三十也沒關係，反正到了正式比賽，他就會全力下去投球，因此誤以為在往好的方向調整。

然而到了正式比賽，他還是用百分之三十到四十的力量在投。本來最快有時速一百五十公里的直球，只剩下一百二十公里左右。雖然確實放鬆點力道，他也能投進好球帶了，但這點速度完全符合打者的胃口，被他們打好玩的。這可大事不妙，於是我把他叫了過來。

「看起來軟趴趴的，似乎完全沒在用力耶。你投起來的感覺如何？這樣子行嗎？」

「是！感覺起來好極了！」

這當然不可能好。比賽結束後，馬上播放影片給他看。

「你比賽中丟成這樣的喔。」

「欸？」

他終於發現自己在投球時，幾乎沒有用到什麼力。

「那個啊，看來你不太適合這個建議，忘了它吧。明天開始恢復成以前的方法去投。」

但是，嘗試著要變回以前的樣子，卻怎麼樣也變不回去。他已經完全不曉得該怎麼控制投球的力道，於是沒能留下成績，球季結束後便被交易，到了新隊伍也只待了一年就被釋出，結束了他的棒球生涯。

須牢記「建議會成為一種干擾」

因為我的建議，把他的棒球人生搞砸了。在出現作為教練最糟糕的建議之後，我迫切地想要反省。不幸中的大幸，是他回到了球團擔任工作人員。知道他有了著落，我也鬆了口氣。

也曾有其他選手得到和他相同的建議，並且在正確理解下，成功改變投球動作。這是出自於對話語的理解力夠高，理解後又能夠順利轉化成身體動能的差別，也就是能夠好好控制身體，大腦在想什麼，就能做出什麼動作的能力。

有本事進入職棒的選手，大概腦中所想的動作是什麼，身體也都能夠做得到。但是，偶而還是有完全辦不到的選手。不只是前面舉例的那位投手，其他球員也有相同狀況。

至今為止，在我執教碰到的選手中，能夠把這點做到完美的人，只有效力於芝加哥小熊隊的達比修有而已*。其他人就算辦得到，但跟達比修有仍有顯著的差距。即使是匯聚日本頂尖選手的職棒界，能夠把別人的建議，徹底轉化成自身的感覺的人，幾乎是不存在的。

教練的建議，本來就會對選手造成干擾。正因如此，教練必須避免拿自己的經驗去指導球員，而應該完全掌握選手的話語和感覺，按照那個感覺給出建議。

簡單的講，就是「我知道了」跟「我辦得到」的差別。瞭解是什麼意思，但是沒辦法細細咀嚼，吃不進肚子裡，這就是沒有在站選手立場，設身處地為他著想的緣故。因此教練必須有「如果是這位選手的話，他有什麼想法呢」的想像能力。進行技術上的指導，特別是傳達投球時的動作與感覺，難度非常的高。

要解讀選手說的話、瞭解他們的感受可不容易。因此要盡可能增加和選手談話的機會，想辦法和選手多講點什麼。並在每次談話中，把握住話語中的細節。以選手的立場來講，這樣的教練可能會被認為囉唆，不過這對選手來講是有意義的。如果腦海裡不能整理出自己的表現，也就沒辦法講得出口。大腦無法理解的事情，身體也做不出來。

滿口只有「『碰』的一下、『咚』的一下、『咻』的一下」這種意義不明的用詞，結果還是成功打出好成績的，只有少數天才中的天才而已。

＊譯註：指撰文當時，達比修有目前效力於聖地牙哥教士隊。

不能給答案的理由⑤

一廂情願的指導方針，將引發現場的混亂

即使對語彙的認知相近，但教練就此認定「自己辦得到的話，那選手也辦得到」，**可就大錯特錯了。**如果辦得到的人，立場不往辦不到的人接近，也就是指導者不接近被指導者的話，就沒辦法給出正確的教學。

但是，這和那句老生常談「把自己降低到和選手同等級」不同。我不喜歡教練自降等級跟選手同步的說法。這是在輕視選手，教練可不是那麼了不起的存在。

將上級的高層次話語「翻譯」傳達給現場

二〇一五年，我當上了福岡軟體銀行鷹的牛棚投手教練。那時的總教練是工藤公康先生，主要的投手教練則是佐藤義則先生。兩人都是球員時期的超頂尖強投，活生生的傳奇。站在選手的角度，彼此地位有著巨大落差。因此若是遭到責備，心態上就容易退縮，動力徹底冷卻。

加上有的時候，建議的水準層次，和選手的水準層次實在差太多了，造成選手無法理解而產生混亂。所以我在鷹隊的這一年，就告訴選手們「把我當作參考書用，有什麼問題我都會回答」，徹底扮演一個翻譯傳奇們指導內容的角色。即使如此，還是有選手不想照著傳奇指導的建議去做，想試試看其他方法。碰到這種狀況，我都會偷偷地告訴球員「你就照著你想的方法去做吧」。

不過，和那兩位一起共事，讓我自己學到了許多。他們知道著許多我未曾聽聞的東西，也有著獨特的觀點，非常值得借鏡。**對選手而言，因為不懂指導者在說什麼，或者**

因為對方地位太高，而心生恐懼和厭惡，會是非常重大的損失。雖然是自誇，但像我這樣的「翻譯者」角色的存在，可是非常重要的。

同樣的狀況，在商務圈中也一樣會發生的吧。

社長和高層這種領導階層所說的話，如果部長、課長只是照本宣科，那麼下屬就沒辦法正確去理解。因此得要有人翻譯傳達，而教練就必須擔任那樣的角色。

照理來說，只要下屬擁有正確理解上司話語的能力就好了。然而，總是會有辦不到的，或者水準還沒達到該程度的員工。在這種場合下，教練就必須有依據狀況，化身為翻譯者的自覺，積極地從中協調。

對教練而言，最糟糕、最嚴重的失敗，就是自己的發言造成選手們的混亂。**選手們若是聽不懂，那講再多都沒有意義。**

以上就是為什麼教練不能夠「給答案」的理由。那麼，教練究竟該怎麼做，「指導法」又是什麼，將由下章開始介紹。

專欄：影響我的指導者們①

促進自我思考～箕島高中・尾藤公教練

在這個專欄，我將會以實踐指導法為前提，介紹影響我的這些指導者們。他們的共通點，在於懂得怎麼樣和選手進行溝通。雖然每個人的作法各自不同，但最終都能巧妙捉住球員的心。要好好施展指導法，溝通就是最重要的一環。

總結來說，將選手放在最優先順位考量，引導出球員的幹勁，也是從溝通開始做起。就算想要給予建議，但是沒有事先好好溝通，選手們也不會做好接受的準備。若是處理不當，選手就會歪向奇怪的方向。

世上的人形形色色，因此方法也不只有一種。

針對每位選手，教練都必須一個一個好好溝通，導引他們學會「自己完成自我該做的課題」的思考方法。此處介紹的溝通方法，希望能多加參考。

※　※　※

我就讀的箕島高中，在一九七〇年代後半是全國頂尖的棒球強隊。教練尾藤公因為總是在甲子園休息室裡微笑，而被大家稱做「尾藤smile」。他讓選手們樂在棒球的形象，在全國十分有名。

然而，平時的尾藤教練，其實非常嚴格。特別是對於個人的基本常識，他總是再三嘮叨。當時我搭電車通勤上學，某天練習結束，和其他棒球部的隊友一起搭車回家時，大家在車上突然開始歌唱大賽。想也知道，這肯定會影響其他乘客。或許是當中有人向學校通報，消息因而走漏。隔一天，我們被教練叫去球場。

「你們幾個，既然那麼愛唱，那就給我唱到滿意為止！」

年紀比較大的我，就這樣代表著大家，站在計分版前面，被迫從早到晚唱著校歌。

血氣方剛的高中生，偶爾也難免爭吵打架。有次隊上某幾個選手起爭執，被教練知道了。隔天一到學校，球場上出現了用東西圍起來，像是拳擊擂臺般的場地。大家在不好的預感下，一如預料地被尾藤教練叫過去。

「你們幾個，既然那麼愛打，就在那裡給我打一打，我就在這裡看著！」

當然不可能真的打起來。那些球員只能一直立正站好，接受尾藤教練的鐵拳制裁。

他就是這麼嚴格的教練。

透過放任，親身建立自主性

每天的嚴格練習不在話下，主要都是棒球的基本內容。守備的基本、跑壘的基本，還有短打在內，都會嚴格進行指導。這些基礎練習投手也都必須參與，我也只能一邊

「呼、呼」喘著氣，一邊跟著練。

然而，換到投球方面卻完全不是這一回事。

「投球方面的事情哇蝦咪攏毋知影啦，你們自己想辦法。」

究竟是真的什麼都不知道呢？還是明明曉得，卻裝作不知道的樣子呢？由於教練已經過世了，現在也無從確認。不過從前輩的樣子來看，應該是從以前就一直是這樣交代的了。投球的練習菜單，全都是前輩們一手安排的。一天的投球數量，也都由前輩們管理。

野手部分也是，關於要怎麼打，只有講「反正打就對了」。一一提點選手細部打擊技巧的尾藤教練，這種畫面我一次都沒看到過。

守備、跑壘和短打，只要經由嚴格徹底的訓練，在大量練習下誰都能辦得到。然而投球、打擊上一些微妙的感覺，沒有辦法用教的，或者覺得硬教也沒辦法好好傳達吧。既然如此，那投球和打擊就只能自己想辦法解決。**教練應該就是為了讓選手們培養自主性和主體性，才會採取這樣的方法。多虧這樣，我從高中時代，就培養出理所當然得自**

己想辦法的習慣。在全國級的強隊裡，會這麼做的學校恐怕不多。

成為職棒選手以後，我不會盲目將教練的話照單全收。會自己去想，只作自己認同的部分，最早讓我養成這種習慣的，都是因為高中時的尾藤教練。雖然這可能造成職棒教練的困擾，但多虧如此，我才能堅持自我。

在剛當上教練時，我發現有很多不下指示，就不知道該怎麼辦的選手。就在這時，我會再次感受到尾藤教練的指導是多麼優異。我現在尊崇的指導法，是讓選手成為能夠自主思考的類型，這或許正是繼承了尾藤教練的精神。

在傳達感謝的心意之前，教練就已經過世了。然而我的職棒人生、執教生涯的基礎，始終有一席屬於尾藤教練。

在嚴格過後，持續關切並適時平衡

我本來在國一時就進過棒球部。然而，因為無法忍受前後輩嚴格的上下關係，很快就退社了。我重新加入田徑隊，學習擲鐵餅。可能是還算有天分，我在和歌山縣大賽奪冠，近畿大賽也拿下亞軍。

在國中田徑圈裡頭，我是鶴立雞群的存在。然而即使如此，還是一點都不受到女孩子的青睞。因為未來性被看好，曾有名門強校跑來邀請我。但我心想，就算鐵餅丟得好，也沒辦法過上快樂的高中生活。

想要受女孩們歡迎，只有棒球。

我決定在國二時重回棒球場。雖然還是有繼續扔鐵餅，但同時進到青少棒球隊，兩者同時並行。

隨著畢業越來越接近，到了不得不決定未來方向的時候。我想既然要打棒球，那不如就挑選強隊，於是選擇和歌山在地的箕島高中。

箕島高中是縣立學校，有學區上的限制。如果學區外的學生想要就讀，就不得不搬到學區內居住。雖然也有這麼做的球員，但很多都因為某些理由，最後沒有變強。身為主力活躍的，盡是本來就在學區內的選手。這樣的水準，也反映了此地區的棒球興盛程度。

我自從升上三年級以後，就一直背著王牌的號碼。但在最後一次夏季大賽前，狀況完全提升不起來。連在練習比賽中，都被實力差一截的隊伍痛打。尾藤教練為了要我振作，直接拔掉我球衣上的王牌背號。

「理人，你再去挑一個喜歡的號碼。」

他一邊這麼說，一邊把我的王牌背號交給了二年級的選手。教練用一種非常激烈、現今看來算得上職權霸凌的方式督促，期待我能夠谷底反彈。感到懊悔不已的我，拼了命地練習著，完全落入教練的盤算。

儘管如此，背號被拔掉這種奇恥大辱，我不敢跟家人講，打算自己來縫新背號，並拿出了裁縫箱。我本來就不擅長針線，因此縫的過程當然不順利，最終只得放棄，拜託母親幫忙，母親一句話都沒多問，安安靜靜地替我縫好了。

我在事後才知道，就在那天晚上，教練曾打電話來到家裡過。

「理人現在狀況如何？」

「啊，不知道怎麼了，他在自己縫背號。」

「其實是我為了斥責他，把他的背號拔掉了。麻煩說些能讓他打起精神的話。」

教練將拔掉背號的理由傳達給母親，並要她多留意我的狀況。**雖然他沒有直接跟本人講，但還是持續關切著選手**。他就是這般替我著想的人。

身為球員的我，當下並不知情，內心只有「那個可惡的臭老頭」、「囉唆的大叔」這些不滿。但拼命練習的我，一舉一動都在教練的意料之內。

對選手們時而嚴格、時而發怒，未必都是要達成同樣的目的。**若是沒有好好把握球員的性格，用了錯誤的斥責方法，只會徹底摧毀選手**。考慮到這點，尾藤教練顯然都把他的子弟兵摸透了。在我的棒球人生、執教生涯裡，在故鄉就有著這麼出色的指導者，是人生中相當幸運的一件事。

應當斥責的時機點只在「擺爛的時候」

現在的我，還沒辦法像尾藤教練那樣。怎麼樣的斥責才正確，這非常難以拿捏。雖然當了接近十年的職棒教練，真正罵人的時候大概只有兩、三次而已。一次是投手在比賽中，發現自己不管丟什麼球都被痛打，乾脆就隨便亂投的時候。

「你要是不想丟，我就把你換掉！」

這樣講之後，選手反倒開始抱怨一堆有的沒的，讓我的忍耐也到了極限。

「你給我聽好，爭著想上場投球的人到處都是！你要是都抱持著這樣的想法投球，乾脆滾蛋算了！」

察覺到我情緒的犁田昌孝教練，神情為之一變，擋在我們之中。

「阿吉，你可千萬別動粗喔！」

雖然我沒有直接揍向本人，但還是槌了休息室裡頭的牆壁。看著這幕的選手，似乎內心動力也被點燃了，之後就肯好好投球，為球隊勝利做出了貢獻。

這並不是尾藤教練那樣經過算計的罵，而是任由感情驅使的責罵。對我而言，內心只想著「搞砸了啊」。到了現在，才比較知道該如何算計好再罵人。

不過，並不是因為選手們出現技術失誤而加以斥責。剛當上教練的時候，我曾向野村克也先生問過這個問題。

「野村教練，你都是在什麼時候，會去斥責選手的呢？我實在很不懂該怎麼罵人。」

野村先生他就像往常一樣娓娓道來。

「這很簡單。就是『開始擺爛的時候』。但是啊，絕對不能在選手失誤時罵人喔。只有在球員沒認真、擺爛的時候，才需要真的發怒。」

仔細回想，這和尾藤教練簡直如出一轍。代表掌握指導者技巧的那些人，基本的道理都是相通的。

第二章
指導法的基本理論

選手為主體，個人成長，組織就會變強

在這個章節，我將會以從筑波大學習得的知識，搭配職棒的教學經驗，介紹指導法的基本理論。

現代的棒球，是一種與個人競技極為接近的團體競技。

職棒球界以教練為核心，而教練所做的指導，一方面也是為了展現自己的本事。在一般認知裡，教練掌握著力量、權威，球員只要好好聽話就行。

然而追根究底，選手應該才是核心，而非教練。我認為指導的基本原則，在於思考球員打算怎樣去面對比賽，又該如何徹底激發選手能力。

不需要為了團隊犧牲自我

若是觀察美國大聯盟，就能發現到：他們讓個人盡情發揮實力的同時，隊伍還是能團結一致。雖然球隊裡還是有些規範在，但不像日本那麼瑣碎。

教練的調度、暗號雖然是絕對的，但不會出現對著第四棒下戰術之類的指示。因為第四棒就是要全力揮擊，負責轟長打讓球隊得分的打者。

好比說在第九局，球隊落後一分的進攻，一壘有人輪到第四棒的打擊。如果是日本的第四棒，就會考慮為了團隊犧牲自己，選擇採取短打戰術。就算並不是真心想這麼做，卻早已習慣了這樣的思考邏輯。

而且，本來能轟長打的四棒打者，卻選擇自我犧牲換取推進，這種情操正符合日本人的美學特性。球員們深知這個道理，內心認為「我為了整個球隊犧牲奉獻」，覺得這麼做是值得的。

但是在美國大聯盟，可不希望當了四棒打者的人，卻只負責上場短打而已。如果在沒有暗號的狀況下，自己還是選擇點下去，大家反而會認為，這個第四棒放棄了自己應有的責任，因而感到憤怒。

第四棒就是要來轟長打的，並不是拿來短打的角色。就算被三振出局，跑者完全沒有推進，也不會受到教練團批判，球迷們更不會對此決定有何不滿。

少數的例外狀況，只有球季後段爭冠期間，以及季後賽短期定生死的時候。如果推進跑者，就有更高的機率搶下冠軍，第四棒才有可能被下達短打，或者往右半邊攻擊的戰術指示。其餘的狀況都一概不考慮。

兩邊之所以想法不同，或許是因為日本的學生、業餘棒球，形式都以淘汰賽為主，美國則以聯賽為主的關係。

日本養成了「輸球一切就結束了」的觀念，但這種感覺美國人不曾體會。即使犧牲自己，也要搶下那一分，這邏輯在美國棒球中不存在。

換句話說，美國大聯盟認為「現在這是關鍵」的場面，在日本職棒裡頭卻是每一局都在發生。**視此為理所當然後，讓日本徹底養成了球隊優先的思考模式。**

個人的才能盡情發揮，團隊就會變強

目前的風潮下，會去褒揚為團隊而犧牲的選手，但這樣下去真的好嗎？

這個疑問一直在我腦海中揮之不去。

因此，當我聽到青山學院大學驛傳*隊伍的原晉教練，告訴我「讓每個人好好作自己，再讓他們一起染上青學的色彩就行了」這件事時，我認為應該將這個觀念擴散到整個職棒球界。

對於教練來說，必須整頓個人與球隊，好好進行指導才行。

換個角度想，商務的世界又是如何呢？

在業界打拼的人士，個個都身懷絕技。**所以，我認為比起提升整體組織的能力，不如優先考量提升個人的能力**。為此，商務圈也應該要有教練的角色。我認為教練既可以提升業界每個人的能力，同時也指引著整個組織。

我因為沒有離開過棒球界，因此對商務的世界並不熟。但是，不管是什麼樣的組織，只要能夠增加個人的工作效率，組織整體的能力也肯定能夠提升。

正因如此，才需要提升個人能力的指導法。給予能夠提升個人能力的課題，並時時注意每個人，防止他們失去熱忱。如果要求的課題已達成，那就再打造讓人想繼續更上層樓的環境。這點也會成為組織的引擎，讓團隊更加融為一體。

不管在什麼領域，指導都是非常重要的一環。那麼，本書就來介紹指導法的基本思考模式。

---

* 譯註：日本長距離大隊接力賽。

傳授專門技術、知識的「指導行動」

關於教練指導的部分，有提升選手基本能力的「指導行動」，以及提升球員動機、指引其如何練習、設定課題等等的「育成行動」兩種。

「指導行動」簡單地說，就是教導技術層面的東西。以我身為投手教練的指導法來說，就是指導「投球動作」、「訓練的方法」、「配球的方法」、「如何調整投球時的心態」等等，包含傳達及教授該競技的專門知識，以及訓練的相關概念。

碰到層次比較低，什麼都還搞不清楚的人，首先得從基礎的技術開始指導起。上班族剛進公司工作時，就得先教導最低程度的必備知識，像是身為上班族該有的禮儀、遞名片的方法，乃至於該怎麼打招呼這些。道理都是一樣的。

為個人量身訂製適合的指導行動

然而，如果是碰到稍微有點經驗的對象，就不可能採取同樣的作法。隨著對象不同，型態、技巧層次及投球動作都完全不同，因此該訓練的地方也都不一樣。

好比說在配球方面，會因為投手能使用的球種不一而產生差距。就算球種一致，但變化球的軌跡，或快速球的球質也不會一樣。更會因為個人性格不同，心理層面上差距甚遠。

有鑑於此，指導行動的本質，就在於百分之百替每個成員量身訂作合適的教學方式。

舉個例子：有一位日本火腿隊的年輕投手曾被媒體批評，說他在投球時，有左邊膝蓋容易跑出來的習慣。雖然這對投手而言，算是非常要命的缺陷，但投手本人卻對被批評一事相當反感，因此不願承認這方面的缺失，也沒進行技術方面的修正。

在這樣的情形下，若是單刀直入批評選手，會讓對方的情緒產生負面影響。因此，必須想出不影響選手動機，又能好好提點的指導方式。

我後來的作法，是不直接告訴他左膝的問題，而是針對其他方面進行修正，希望能在不知不覺中，解決掉左膝方面的問題。結果，成功在沒有影響到選手情緒的狀況下，改善了投球的毛病。

在這個案例中，因為對方是心高氣傲、討厭被直指缺點的選手，教練就必須徹底瞭解這點，並採用間接、循循善誘的方式來修正缺失。反過來說，也有選手比較適合大白話直接講明。所以若是沒有好好理解每個人的性格、氣質，做出相對應的指導可是不行的。

指導行動與育成行動

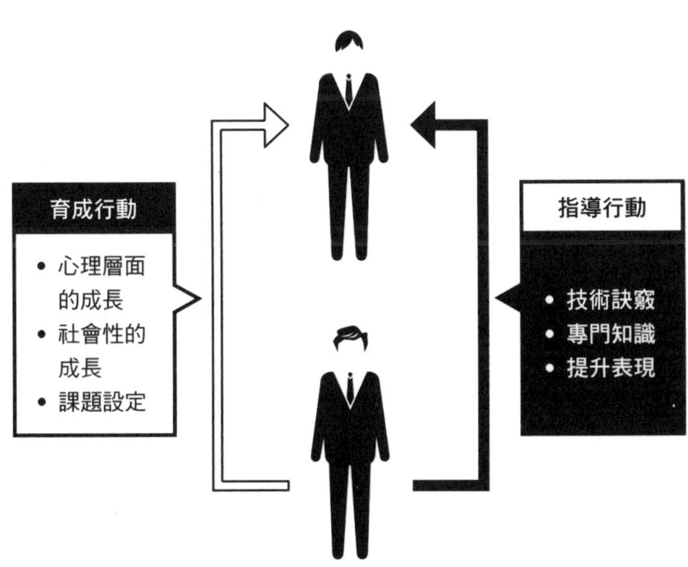

指導行動必須根據業界、組織、對象的等級和性格，個別量身訂做

「指導行動」是一項很難放諸四海皆準的技術。每個人的型態不同，還有所屬的團體、領域的差異，所必須展現的指導技巧和重點也都不同。

相對而言，接下來要說明的「育成行動」，就是更能在不同條件下皆可適用的概念。

促進心理層面、社會性成長的「育成行動」

所謂的「育成行動」，是非關於技術問題，而是促進個人的心理，以及社會性等層面的進步成長，而採取的行動。

心理面最重要的地方就在於「動力」。有許多方式可以提升個人的動力。

好比說，將等級和自己差不多的其他人，設定為「假想敵」的方法。利用「怎樣也不想輸給他」、「戰勝那個人，獲得大家的認同」的心情，就是一種提升動力的方法。然而，這樣的策略卻不是誰都能夠適用。

雖然說有的選手要是輸給假想敵，會想著「可惡啊，這口氣我嚥不下去」，因而提高動力。但也有會在遭遇失敗時，想著「果然我還是不行啊，就是沒辦法贏過那個人」

而喪失自信，動力下降的選手。在我的經驗裡，灰心喪志的後者其實佔了多數。

要是在此萌芽了放棄的想法，即使下次想要重新振作起來，常常也無法如願。

另外，在現實層面上，這作法也不好去做事後檢討。即使想要分析輸掉的原因，也只限於和假想敵比較，瞭解什麼方面不如對手。這麼一來，很難確切釐清是什麼行動促使個人得以成功，又是什麼行動造成了失敗。

並不是說要否定創造假想敵、提升動機的這個方式。如果剛好適合這個人，也沒有過度執著這一點，那就不算是什麼大問題。只是說現實狀況來看，這不能算是穩定提升動機的方法。

設定小的課題，創造成長螺旋

相對而言，還有另一種方法：設定簡單而微小的課題，累積微小成功，慢慢聚沙成塔。我認為這是最能夠提升動力的作法。因為在完成課題時，就會得到成就感，進而連結新的動力，該動力又促成挑戰下一階段課題的動機，這麼一來，就容易創造出成長的螺旋。

況且，即使課題沒能順利完成，也比較好釐清原因。是練習方法有問題嗎？是練習量還不夠嗎？還是一開始設錯課題呢？只要能夠明確找出根本因素，就能修正軌道，重新燃起動力去擬定、邁向新課題。

首先，教練得帶頭指導課題設定的方法，接下來引導選手，讓對方變得漸漸能夠自己設定課題。透過這方法，所設定的課題就會自然符合個人需求，能夠更有效率地提升能力。

課題設定⇓回顧檢討⇓設定新課題，可以徹底反覆這個循環，直到完全習慣為止。

體育心理學的專家，國士館大學研究所Sports System研究科的中込四郎特任教授，也曾經在其著作《簡單易懂的運動心理學*》（ミネルヴァ書房出版）中，提到藉由課題設定，來提升動力的方法。

不過，在實際運用上，還是有要注意的地方。選手起初雖然都會從簡單的課題開始，但後來容易胃口大開，一口氣設定難度過高的課題。重點在於要知道自己現有的實力在哪，設定合適的課題並完成。如果無論如何嘗試，卻還是無法達成的超難課題，反而會成為動力下滑的重要因子。

設定課題的重點，在於能夠達成這個課題的相關要素上，都是由自己能夠掌控的因子所構成。如果不是這個前提，像是運氣、天候，或其他個人難以預料的外部因素等

* 原文：よくわかるスポーツ心理学。

創造課題設定的循環

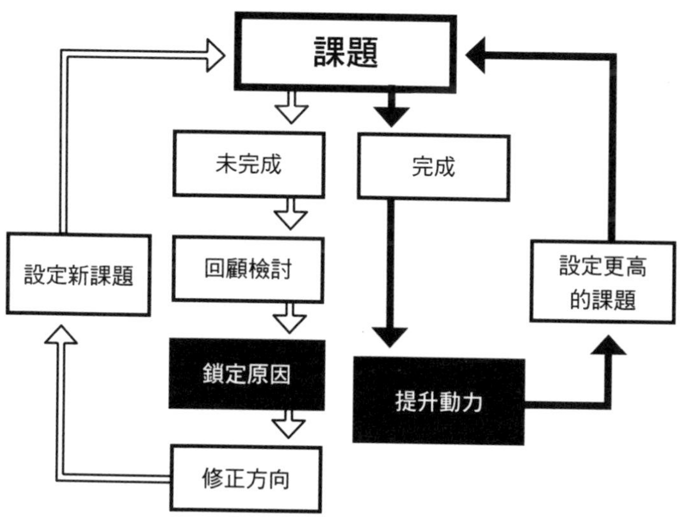

解決課題的必要要素，
必須完全是自己能夠控制的因子

等，就不能放進課題設定內。否則能不能順利完成課題，就已經和個人的實力沒有關係了。

指導選手設定有辦法掌控，即使失敗了也能重來的課題，加以提升選手的動機，正是教練在執行育成行動時該扮演的角色。

教導「找尋課題的方法」促進選手成長

在選手開始設定課題的第一階段裡，需由教練掌握主導權，教導球員如何設定課題。

慎重觀察對象選手的身體能力、現有技術、性格特點，想辦法一邊和選手溝通，一邊給予合適的課題。在此階段時，最好別太拘泥於球員的想法。

舉例而言，我曾經問過高校球兒，他們自己現在的課題是什麼。那位同學告訴我，他想成為以長打能力嶄露頭角，洋基隊第二棒賈吉（Aaron Judge）一樣的強力打者。

當然，設定一個遠大的課題，作為未來的夢想，這點不能說錯。不過以一個高中生而言，這個課題的難易度顯然過高了。

因此，不如從難易度較簡單的課題開始，好比「一場比賽至少有一支安打」之類的。在完成這項課題之後，下次再考慮稍微調高難度，並且盡可能挑戰完成。必須如此一步步地調高難度才行。

對教練而言，在調整合適課題的時候，最重要的就是沉得住氣。在業餘球界打拼的球員，當然可以抱著成為賈吉第二的夢想。不過把夢想和課題混為一談，那未免也太過急躁了。就像是還不會走路，卻已經想著要跑起來一樣。

教練的工作，就在選手們挑戰高難度課題（＝夢想）之前，先告訴他們還有不得不先完成的基礎功課，並好好說服他們，使他們能夠理解接受。接著將球員們現在水準與課題的差距，詳細分解成好幾個課題步驟，一一照順序指示。

誘導對方自己能夠找到合適的課題

當然，如果是難度太高，不適合選手的課題，教練就有必要立刻修正，以理說服對方。至於適合或不適合，只要能夠好好觀察球員，就能夠輕易推斷。

有次電視在播高爾夫球節目時，他們邀請到一位前四大賽的日本選手當來賓。該選手問高中生「你憧憬哪位選手」時，高中生給的回答是美國知名職業高球名將，達斯汀・強森（Dustin Johnson）選手。

強森先生現在是世界排名第一，在PGA巡迴賽拿下十九勝的頂尖球員。他身高一百九十三公分、體重八十六公斤，即使在PGA巡迴賽內，也是以遠距離擊球能力著稱的選手。

然而，那位高中生身高不高，體格也比較纖細，很明顯是和強森完全不同的類型。本身就是職業球員，同時主持該節目的主持人，就對高中生這麼說：

「夢想成為達斯汀・強森也無妨，不過考量自我的體格和型態，應該會發現有些落

詳細分解課題

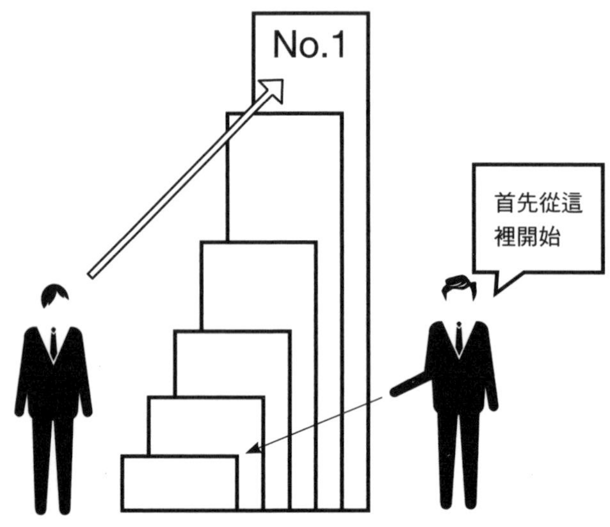

挑戰高難度課題（＝夢想）之前
告訴對方眼前應該先完成的課題

差吧？不如先想想自己合適的目標是什麼。」

說完後，那位高中生講了另外一個名字。那一樣是世界排名在前段，好幾次在比賽中拿下冠軍，但體格與一般的日本人相近，也和那位高中生比較類似的選手。我看著這個節目，這位職業高球選手提點的內容，正展現出非常優秀的指導法。

棒球圈也有不少選手，以和自己型態大相逕庭的球員為目標。好比說身高比較矮，靠變化球為主的投手，卻想投得像身高超過兩公尺，本格派為主的藍迪・強森（Randy Johnson）一樣。這樣的課題很明顯就不合適。**雖然還是希望選手在緩步前進的過程中，能夠自己發現問題，從而修正適合的課題。但若是選手辦不到，就必須由教練首先察覺，想辦法提醒球員**。因此，自己必須以客觀角度好好觀察，直到選手學會如何自我設定出合適課題前，都必須發揮耐心關切。

實際揣摩時，則最好用類似誘導詢問的方式刺激想像。

「來，你先試試看這個。」

「你覺得為什麼我會要你做這件事呢？」

「好好完成了嗎？」

「在嘗試的過程中，有感受到什麼嗎？」

直到選手能自然找到合適的課題之前，都必須堅持，不斷持續這個輪迴。

在商務的世界裡，公司一定會預先設定好未來遠景和任務。為了達成目標，也必須具有能夠自主設置課題的能力。然而，在碰到課題設定明顯已經偏離現狀的人，指導者同樣也得發揮耐性，發揮指導法進行修正。

讓人養成自我設定課題的習慣

這個找尋課題的辦法，與個人的意志、持續力有著很大的關係。

我在指導選手的時候，除了棒球之外，還會在日常生活中設定大大小小的課題，像是早上起床，一定要先洗臉之類的，養成他們能夠實際完成的習慣。這些誰都能完成的習慣，持續下去也會發揮效果。

然而，「持續」並「習慣」這件事，其實比想像中還要來得困難。對職棒選手而言，若是做不到這些小事，就沒辦法再上層樓。**如果從國高中的球隊時期，就養成了自己能找尋課題，並且加以實際完成的習慣，那麼在成年之後，成長速度也會比較快。**反之，到高中為止都只是聽從教練的話，沒有養成自主思考的選手，進到職棒後往往會過得相當辛苦。

自己設定課題，自己實踐完成，這樣的習慣對出社會也很有幫助。有次，我參加大分縣國中體育聯盟的研習，有位同樣是受邀來擔任講師的整形外科醫師，曾經在學生面前這麼表示：

「自身的課題和前進的道路，請靠自己慢慢養成。唯有不斷遭遇失敗和挫折，自己才能慢慢瞭解該怎麼修正。這種經驗若非從小培養起，到了長大以後，就會變成做什麼都不順利，過得很辛苦的人。」

就是這樣的道理。

不只是職棒球員，更不只是商務圈，無論是當上什麼樣的大人，很多事情都必須自行決定。只要學到能夠設定自我課題的習慣，就能在社會的浪濤中生存下來。

然而，包括我曾接觸過的選手，日本的年輕人、國中及高中生，多是屬於沒有下達指示，就不知道該怎麼辦的類型。像那樣的孩子和年輕人，不太可能在長大之後，一下子就冒出這樣的能力。

以及，在設定課題的過程中，還會瞭解到自己的特性。**能夠順利完成課題設定的人，便能掌握自我特徵，選擇適合的基礎課題開始著手**。就算還沒達到那個境界，也可以先從大量的小課題出發，經歷失敗後加以思考，從中瞭解出自己的特性在哪。

當了教練之後，我確實感覺到很多選手，並沒有真正的瞭解自己。因為對自己有誤解，或者是錯判，結果腦海中想像的自己，和實際狀況完全不同的球員佔了大多數。這樣的人無論花多少時間，都沒辦法變得能夠自己設定出合適的課題。

教練的工作，就是要處理這個誤解，讓指導對象從能夠好好理解自己開始做起。在此前提下，才開始設定出大課題，並且在中間安排許多小課題，一一完成或失敗修正，不斷重複這個循環，並保持堅持下去的耐心。

經常藉由「回顧檢討」找到對的課題

要讓選手能夠養成課題設定的習慣，就必須好好執行「回顧檢討」這一部份。**因為藉由回顧檢討自己的表現，就能夠讓選手意識到很多事情**。到了最後，則希望選手能夠自動自發，沒有一絲猶豫。

在這之前，選手們必須先具備分析能力，懂得怎麼解析「為什麼做了那件事，結果會變成那樣」。

首先，重點在以客觀角度，好好掌握身體在自然狀況下會如何活動，接著再加以深入挖掘。

持續「回顧檢討」強化觀察力

二〇一七這年球季，我指定了三位日本火腿鬥士隊的年輕投手，要他們在先發完隔天，進行「回顧檢討」。這三人裡頭，其中一位A選手，就產生了極為劇烈的變化。

他在最一開始時，即使事後回顧檢討，也察覺不到他對投球有什麼想法。

「完全按照捕手的暗號去投。」

「投球的動作上，遵照教練所說的方式去做，但身體稍微有些前傾。」

為什麼要照著捕手暗號去丟？自己想投的是什麼球？為什麼投球時身體會前傾？這些重要的細節，他卻沒有好好思考過。

雖然持續下去會變得怎樣，讓人稍微有些擔憂，但在不斷回顧檢討的過程中，A選手自己也開始察覺到問題了。

「其實本來想使用這種球路，投向這個位置的，但是捕手卻比出不同的暗號，所以沒辦法只好硬丟了。」

再一段時間後，他就開始講出一些明顯有別於過往的意見。

「這東西是我的特色，所以碰到那個場面，覺得用這球路投到那個地方，就能夠壓制打者，因此決定這樣投了。」

這一年，A選手一度因為狀況不好被降下二軍。不過因為檢討回顧，他變得越來越成熟，懂的事情越來越多，狀況很快就止跌回升。接著便重返一軍，留下了穩定的成績。

甚至因為檢討回顧，A選手還懂得在比賽中修正姿勢，變得能在比賽中掌握自己的投球狀態，還能夠臨時做出修正。這個案例，產生了如戲劇般的變化。

不過，在球季結束後的秋訓，他又變回了原本的樣子。很可能是缺乏實戰之後自己就忘了。**像這樣容易一進一退的案例不在少數，教練得發揮耐心，好好注意球員的現況。**

問題深入核心，讓對方暢所欲言

即使如此，在最一開始時，對自己毫無理解的A選手，慢慢變得能夠梳理一切，關鍵在於他能夠暢所欲言。當初在比賽完隔天，曾模擬接受採訪時，他會怎麼對自己的表現打分數。

「我覺得有六十分。」

這些分數不是隨便聽聽就算了，而是徹底挖掘「為什麼是六十分」。一開始，我先問他們不足的四十分，是出在哪些點上。但因為講出來的盡是缺陷，思考偏負面的關係，很快就發覺效果不彰。於是，**改採取了六十分是因為什麼，從正向開始思考的方式去詢問**。此後，A選手不只對優點侃侃而談，甚至還產生了「下次打算這麼做」的積極心態。

後來在比賽的前一天及當天，再問他心情狀態如何。

「這一週的練習怎麼樣呢？」

「你在遭遇危機被打爆，或者成功化解的時候，是以什麼樣的心情去投的呢？」

像這樣的回顧檢討非常重要。如此便能瞭解：做了什麼樣的練習，以什麼樣的精神狀態去面對比賽，好的地方有哪些，不好的地方又有哪些。自己在什麼樣的心境下，能夠發揮出什麼樣的實力，又會產生什麼樣的失誤。如果打球時漫不經心，無法意識到自己當下是什麼狀態，就不可能瞭解自己，結果不斷在同樣的地方犯錯。

教練絕對不能將「答案」說出口

在檢討回顧的過程中，絕對要留意的是，不能在聽著選手話語的過程中，不知不覺地將內心的「答案」脫口而出。

球員因為配球失誤慘遭痛擊，在讓選手回顧檢討該問題時，很可能在對方還沒察覺的狀況下，就情不自禁說出「像那個時候啊，就應該怎樣怎樣去配球」。只要教練這麼說了，即使選手沒有聽進心裡，也會反射回答「好」。

為了能夠讓選手懂得自我察覺，教練應該要問：「那麼，你覺得如果這樣配球會如何？」**身為一個教練，必須時時警惕自己到底跟選手說了什麼**。

不管費盡多少唇舌、內心如何焦慮，都必須忍耐、沉住氣。就算選手說了「我不明白」，也不能斷言「應該這樣」。儘管無論如何都覺得不說不行了，最多也只能以「如果是我的話，我可能會這樣做」、「其實還有一種選擇是這樣」的方式傳達。

雖然針對三名投手進行回顧檢討，且在A選手身上獲得了顯著成效，但也有人的效果沒那麼好。或許效果不好的那位選手，對自己的檢討還不夠徹底。能夠站在客觀角度，深入挖掘自我的能力，若是透過一定程度量的訓練，就能夠達到某個水準。

然而，檢討回顧時所透露的言詞有深淺之分。淺薄的人說話特徵會長這樣：

「反省時只是做做表面功夫。」

「回答得都很曖昧。」

教練需徹底進行詢問

- 讓對方用「自己的語言」進行表達
- 絕對不能明講答案

「回答時抓不到要點。」

「被教練盯到，就用各種說詞搪塞過關。」

「無法忠實呈現自己的說法，回答得不乾不脆。」

雖然不知不覺中，就會隱約察覺到這樣的選手特性，但要是沒有更進一步，就沒辦法創造好結果的。如何跨過這個障礙，達成使命，只得多動腦筋去想了。

好奇心引發向上心態，促成設定課題

當教練至今接觸到的選手，能徹底進行回顧檢討的人不多。少數能夠辦到這點的，就只有達比修有之類的選手。

達比修對於棒球的興趣、好奇心比常人高出一截。明明已經實力超群了，卻還是像年輕選手一樣，拼命地想要變得更厲害。**因為有好奇心，所以引發了向上的心態。可以**

說他的一切行動源頭，都是出自於好奇心。在持續問著「為什麼？為什麼？」之下，自然能夠衍伸出課題。

問題在於，有的選手好奇心不像達比修那麼高，下場打球時也不經大腦，僅憑著自身出色的才華，硬是留下成績。這套雖然在進到職棒前可能行得通，但職棒充滿了才華洋溢的球員，光憑天生才能絕對不夠，遲早會遇上瓶頸。然而，有的選手人生至今，卻從來沒有深思過的機會，所以在撞牆時，也不懂得去想該怎麼跨越障礙。為了刺激這樣的選手能夠動腦，回顧檢討就成了必要的指導法手段。

讓這種人自己拼命動腦，腦中也只有「怎麼這樣？為什麼會這樣」而不得要領，於是就會願意聽聽看教練的意見。如果沒有做好聽建議的心理準備，那麼教練的苦口婆心，也只會左耳進右耳出。

誘發對方自己對自己抱持期待的「自我效能感」

雖然說不確定算不算是「好奇心」，但讓選手自己期待自己，也是個重要的關鍵。簡而言之，就和心理暗示「我能做到」類似的感覺。

這在運動心理學上，被稱做「自我效能感」。若是讓選手們得到這樣的感覺，就能養成持續循環，完成小課題的習慣。

引導選手們能夠產生自我效能感，是身為教練非常重要的工作。選手聽了教練的話，覺得自己能夠做得到，只要萌生了這樣的感覺，就會更加信任教練。

剛開始時，每位選手一定都對自己有所期許。不過很多選手藉著「謙虛」之名逃避責任，預先想好失敗時該找什麼藉口。在這種情況下，動力就無法有效提升。這不是因為害怕失敗，而是厭惡自己失敗的樣子被別人看到。

職棒選手的自尊心非常高。有些一直無法從二軍爬上一軍的選手，會故意不練習，然後說「我就是因為沒練習，所以才做不到」。面對這樣退縮的球員，只能不屈不撓地想辦法說服對方。

在商業的世界裡，應該也有同樣的類型。講著「拼命工作的樣子一點都不帥」而不去那麼做，其實是因為努力過了，卻沒得到成果，為了避免尷尬產生的藉口罷了。大考前反而開始整理房間，也是類似的心態作祟。因為花時間掃除的關係，沒有空閒去準備唸書考試，所以考不好也是非戰之罪。這都不過是自圓其說的藉口。

達比修選手他對自己的期許非常高。好奇心旺盛的人，對自己的期許也特別高。而在高期待下，達成時的自信心就會一口氣增加，讓選手們相信「我能夠辦到」，提升心理上的動力。這是指導法裡頭的重要技術，**面對契機到來，想要牢牢掌握的選手，可以試著讓他們產生自我期許。**

根植最優先考慮表現的「職業意識」

所謂的職業意識，是將「為增進自己的表現，必須具有哪些思考與行動」擺在一切順位之前的意識。如同棒球之於棒球選手、職務之於上班族等等，把提升這些「本業」成績，如何繳出亮眼成績單的思考與行動，列為第一優先。

才剛上一軍的選手，往往還不具備這樣的職業意識。在一般商務圈子裡，不具有職業意識的年輕人也佔多數。換句話說，每天該做什麼事、什麼時候應該先處理什麼事情，即使成為職業人士，卻還搞不懂的人仍相當多。

棒球選手在輸球的日子裡，內心會累積各種壓力。同樣在商務圈，若是工作上碰到煩心的事情，心裡也會有壓力產生。若是因排解鬱悶，一時借酒澆愁倒是無妨。然而，如果無節制地喝、喝到爛醉，就是缺乏職業意識的行為。爛醉狂喝或許能夠解憂一時，但若因此搞壞身體，則會影響到日後的表現。

無論是爛醉還是喝不停，只要不影響本業，那就沒有制止的理由。但還是有分這樣做沒問題的時候，以及不能這麼做的時候。如果懂得區分也罷，**但若是不曉得該怎麼分辨，教練就得負起好好指導的責任了。**

注意累積過多壓力的人，並向前搭話

曾經有位資深球員，平時沒在自己期望的場面被派上場，因此產生壓力而心情不佳。該球員本來是在有勝算的比賽中，會在第七、八局左右上場的佈局投手，也就是所謂「勝利組」方程式成員。但在後來，卻漸漸地被移開了「勝利組」的位置。

不過，總教練的調度，是希望能夠讓牛棚更活性化。資深選手儘管內心有所不滿，但也理解這一點。正因如此，陷入了無處可宣洩壓力，只能自己生悶氣的狀況。

一般而言最理想的，是由總教練主動向選手傳達球隊的方針。**然而，若是總教練沒有說明，就得由其他教練加以告知**。不過，對資深選手心情感同身受的我，決定先放下教練身份，改以一位前輩的方式去傾聽他的意見。

我在球員時期也曾碰到類似的困境，並在當時為了發洩壓力亂砸東西。即使我想以教練的身份提點，但在調度上冷落他的就是教練團，很難有什麼說服力，講起來就比較麻煩。

「把你調離重要崗位，或許讓你很不高興，這我都瞭解。不過啊，你的一舉一動，年輕選手都看在眼裡喔。」

「你啊，不是只有今年打完就沒了的選手。之後還有明年，還有後年。而且引退了之後，搞不好還會讓你去擔任指導者，所以現在不是鬧脾氣的時候。身為職棒投手，該怎麼做不是很明顯嗎？」

如此勸說過後，那位資深選手也釋懷了。從隔天開始他一改前非，展現出能當年輕選手典範的態度。

教練也需要具備「輔導能力」傾聽煩惱

從高中、大學進到職棒的選手，一下子賺到大筆財富，變得想做什麼都不成問題，從而接觸到很多棒球以外事物的機會。年輕選手往往容易掉入「比起棒球，不如先享樂再說」的陷阱裡。

當然，既然是自己賺到的錢，那要怎麼花、何時花都是個人自由。教練不需要干涉。然而，身為一位職業選手，就該搞懂什麼事情應該要擺在優先順位，因此有了指導的必要。

對於無視該先去完成的事，一個勁猛喝的選手，我會故意保持沉默。等到他們因此表現下滑時，才讓他們自己去回顧反省，察覺原因何在。

所以，教練必須具備輔導能力。教練是一個包山包海的職位，在此之中，輔導力又是我認為非常需要的一門技術。

職棒是個繳不出成績，就會馬上遭到解雇的世界，因此有許多選手內心多有煩惱。即使是願意傾聽，對選手來說也是個救贖。

所謂的輔導能力，就是該怎麼傾聽的技巧。**為了讓選手能夠說出內心話，重點就在營造出讓人能夠放鬆暢談的氣氛。**

有的選手經常獨自煩惱，想說點什麼卻又說不出口，並擔心如果把問題講出來，就會得到負面的評價。若是說錯什麼，是不是就會被蓋上先發投手失格的烙印，結果決定忍住閉嘴。隨著疙瘩越累積越多，又讓事情更往糟糕的方向前進。

然而，不會有人因為傾訴煩惱，就被判定為不適合擔任先發投手。但撇除講不講煩惱，每個人確實有分成適合當先發，還是適合當後援的類型。選手本身該擔綱哪個位置才好，教練必須好好和選手溝通，並向總教練提出建議。

根據對象的性格改變指導法

就我至今為止的經驗，職棒選手的性格，大致可以分成六個要素。分別是「強勢」、「膽小」、「大膽」、「慎重」、「冷靜」、「率直」。

我認為最理想的狀態，是慎重搭配冷靜，但在需要自己決定戰術並付諸行動時，能夠兼具大膽和勇氣的選手。

反過來說，膽小而無法執行戰術的選手，可就不妙了。

以過去日本火腿隊的球員來講，武田久投手雖然有時會產生負面思考，但也會冷靜慎重地思考最佳策略，且要執行時，就會鼓起勇氣大膽實踐。

同樣身為終結者，也有像吃了熊心豹子膽*，又直來直往的類型。我也曾是那樣的類型，將「衝就對了」奉為圭臬。像我這樣的類型，在狀況好時，任誰都拿我沒皮條，但因為缺乏慎重，所以慘敗的狀況也不少。

根據技術等級與育成階段的不同，理所當然得改變指導法。然而每個人的性格與型態有異，必須有相對應的調整方式。

內向而容易糾結的人，必須讓他注意力往外轉移

好比說，大聯盟有一種人會被稱作「小雞」（chicken），泛指慎重而膽小的那些人。然而，一個人被稱作小雞，往往未必真的膽小，而是自己內心經常天人交戰的緣故。

以投手來講，在想著不壓制住對方不行時，為了投出完美的一球，腦中揣摩得這樣

抬腳，把手舉到這個角度，把這個球種好好塞進這個位置。但就是想太多了，讓自己沒辦法百分之百發揮，結果被對手狠狠修理。從外人來看，這樣的投球就像是因為害怕，使得動作縮在一團的樣子，所以才會被揶揄成小雞。

內心習慣天人交戰的投手，指導起來非常困難。如果跟他提點投球動作，說這裡手肘應該要再往上一點，他就會變得只專注在自己的手肘上。過度在意下，反而忽視其他部分的動作，結果亂成一團。最終力量無法順利灌入球內，只能投出軟趴趴的球而被痛擊。

如果要他改善抬手肘的問題時，就不能直接講手肘，而是說「像排球殺球一樣揮臂」、「像網球發球一樣」。有的選手在提點時，若是別讓他注意力放在自己身體上，就不會產生過度在意的狀況。**這是運動心理學的一環，教練則必須具備能夠像這樣轉換**

＊ 譯註：日文原文是寫「心臟的毛多得像草原」，日文中「心臟長毛」比喻大膽。

說法的技術。

其他還有「像拉扯絲線般控制球」、「像開槍一樣發射」等等，如果沒打過棒球就不知道在講什麼的形容法。但不是說都要採用比較模糊的字眼，而是為了讓內心的糾結能夠往外轉移的說法。

有的選手比起理解言詞，用想像的方式進行修正，更能自然地帶動身體。

面對具備「狂野的勇氣」的人，得先讓他做出最壞的打算

靠著「狂野的勇氣」站上場，和過去當終結者的我一樣，全憑氣勢在投球的類型，會完全不受當下的氣氛影響，內心只會想著「逃避就輸了」，打算一決勝負。這種人若是慘敗，也會造成球隊的重創。如何有效的指導這種人，則是讓對方設想好「最糟的狀況」變成怎樣。

首先，先說如果什麼球丟到什麼地方，就一定會被轟出全壘打，使得球隊落敗。想好最糟的球路是哪顆，要對方無論如何千萬別這樣投。預先摒除掉最糟的打算之下，再告訴對方要怎麼安排合適的投球順序。一旦決定了，就強調要放膽一決勝負。這樣的指導法，就能降低慘敗的風險。

碰到危機時，任何人或多或少都會亂了套。儘管如此，也必須徹底教會對方，不能說隨便啦，大概投這投那就可以了。身在職棒的選手，這類型的人意外還不少。至於為什麼，或許是因為大家都才華洋溢，曾經靠這招就能打敗對手吧。

對膽小的人，採取能讓他產生「上吧」積極心態的指導法

能夠發光發熱的選手，常常都有膽小的時候。例如前面提過的武田久，就是儘管膽小，但要是自己決定好了戰術，就能夠放膽去投的類型。在我看來，被稱做「大魔神」

的佐佐木主浩投手，或許也是同個型態。

雖然抱著忐忑的心情站上投手丘，但決定好要怎麼投，就具備放膽去丟的勇氣。特別是後援投手，這類型常常都能脫穎而出。

之所以如此，正是因為膽小，所以早就習慣設想好各種狀況，並從中挑選最理想的方案。儘管膽小畏縮的選手會讓人有些頭疼，但對我而言，和「不管啦直接拚了」的選手比起來，能退一步思考才是長處。

因此，必須採取能讓這種選手在勝負關鍵時，能夠轉為積極心態，放膽向前的指導法。不管看起來是如何膽小的選手，把他教成能夠懂得積極向前的態度，是身為教練的使命。

讓人具備不畏失敗、敢於不斷嘗試的態度

我認為，真正不好的性格，是畏縮不前。就是說著「反正我一定沒辦法怎樣」，對自己評價過低的類型。

擁有那種負面情緒的選手，無法產生想變得更出色的向上心態。

明明能夠辦到，卻不願意那麼做。在被打倒的時候因為創傷，而產生躺平算了的類型，才是我所謂真正性格不好的選手。這類的人不管怎麼指導，都沒辦法產生效果，建議球團最好快點交易掉比較好。

我在教導少棒球員時，經常告訴他們：

「身為棒球選手，因為害怕失敗就不去嘗試，才是最難看的。」

這是希望他們在未來，能成為努力找尋對自己最合適的作法，並且有勇氣加以付諸實行的選手。

失敗了再改善。不斷重複這個過程，就能像佐佐木一樣，從各種選擇中找出最理想的道路。為了達到那個境界，則需教練督促，讓對方持續不斷嘗試。

這些話除了想對小學生說，也想傳達給年輕的職棒選手，以及年輕的社會人士。

根據「PM模型」四階段調整指導方法

所謂的「指導法」，由「指導行動」與「育成行動」兩項目組成。然而，選手們各自型態不同，彼此間水準也有落差。若用同樣的方式指導，可能有的選手學得會，但也有的選手學不來。

在實際教學現場的指導法，必須分清指導行動與育成行動，摸索怎麼拿捏對選手最合適。**這種時候，就能以「運動指導法PM模型」來作為判斷基準**。

「PM模型」中的「PM」，乃是借鏡社會心理學家三隅二不二提倡的「PM理論」。該理論是將「職務表現機能」（Performance）與「集團維持機能」（Maintain）這兩個要素，側面類型化衍伸的領導理論。筑波大學的圖子浩二教授根據這個理論，再融

PM理論模型

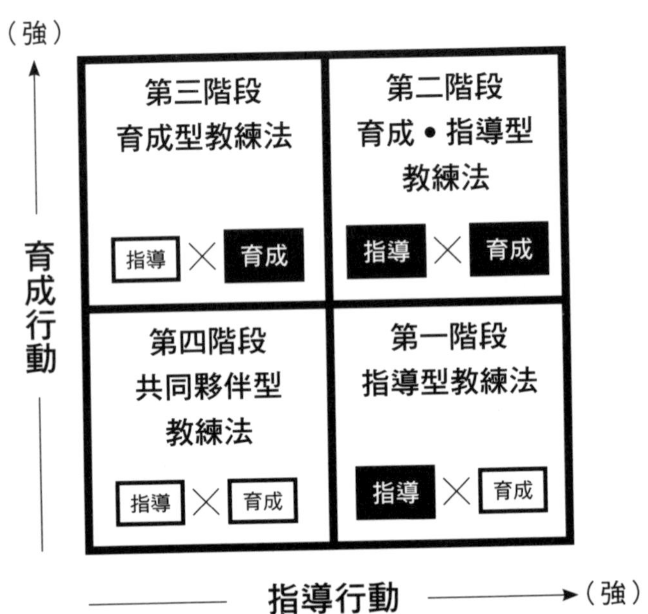

※運動教練法PM模型。原作者：圖子浩二（2014）

合指導行動與育成行動，創造出能實際應用在指導法上的模型。

第一階段「指導型指導法」

圖中右下角第一階段，是以初級選手為對象的「指導型指導法」。**此階段以指導行動為主，採取技術上的指導為核心。**

若不先好好指導初學者技術和技巧，他們就無法成形。以棒球而言，沒有先傳授棒球的相關技巧，那選手就不可能打得好。拿商務界來說，則是若不先教導圈子裡最基本的技術，那就無法勝任工作。因此，首先就得傳授這部分的技能為主。

適用對象，則是高中畢業剛加入二軍，到在二軍待了三年左右的選手。商務圈的話，則是新進到待了二、三年左右的員工。社會人和大學球隊加入的選手，與高中畢業的球員相比，技術上通常都具有一定基礎，所以有的人也省略了第一階段。

第二階段「指導、育成型指導法」

第二階段的適用對象，是逐漸能在二軍上場，以及雖然上到一軍，但因為沒有留下成績，很快就被打回二軍的選手。針對這些中級者階段的選手，則需進行「指導、育成型的指導法」。

為了讓此階段的選手能夠提升能力，因此會調高課題的難度。但實際上，遇到撞牆期，無法好好完成課題的人不在少數。

像這樣的選手，雖然必須提點技術上的問題，但遇到瓶頸的選手在自尊受挫時，也得想辦法喚起他們的動力。這階段教練必須做的指導，就是讓選手能夠評估自我現況，瞭解該做的課題是什麼，又該如何去解決它，讓他們能夠自我領悟，靠自己就能提升動力。

以教練的立場而言，這是最需要替球員注入能量的階段。此時正是選手們動力最容易枯竭的時候，不是談論什麼遠大抱負的好時機。

以商務圈來講，就是對應到還沒當上主管或課長之類的中堅社員。這種員工雖然已經能夠靠自己完成一定的工作，卻還沒有像前輩一樣立下顯赫功勞。這階段的人，在精神方面上容易動搖，因此教練的功能就顯得特別重要。

第三階段「育成型指導法」

接下來的第三階段，將會踏入以中高級選手為對象的「育成型指導法」。這階段的選手技術上都已經成熟，卻也因此變得自滿、心高氣傲。

然而，這階段的選手在精神層面上還不夠成熟，因此還不懂得拿捏競技場上的輕重緩急，容易陷入迷惘。這樣的選手就算給予技術指導，也會因為自尊心作祟聽不進去，有時還會因此鬧脾氣，破壞彼此的信賴關係。**因此，這時期給予指導內容，則是注重在練習的方法，以及提點若要在社會上立足，必須注意哪些事情的育成行動。**

換在商務圈裡，則是已經當上課長、主管等級的職位，或是二十多歲到三十出頭，擔綱起小組領導的員工，但水準還不夠成為經理的人。對教練來講，這階段最需要小心翼翼去應對。否則遭到輕視，反而是教練自己容易堆積壓力。

第四階段「共同夥伴型指導法」

最後來到第四階段，是針對高階選手為對象的「共同夥伴型指導法」。

到了這個階段，教練幾乎已經沒有什麼事情要做了。只要好好看著選手便足矣。

然而，這階段選手一旦開口發問，那麼肯定會出現非常棘手的問題。教練必須做好準備去面對。雖然說是好好看著就行的階段，但也不能輕忽大意。

在我擔任教練的期間，有達到這階段的選手，就只有日本火腿鬥士隊的達比修有，以及軟體銀行鷹的丹尼斯・薩爾法特（Dennis Sarfate）而已。這兩人平時都沒啥問題，但他們偶爾開口，就會像是扔出暗器一樣，突然來個高難度提問：「吉井教練，你覺得這樣如何？」老實說，有時我還真不知道該怎麼回答才好。但如果只一句「我不知道」就敷衍過去，又會立刻破壞掉彼此間的信任。所以，必須展現出自己有好好在乎的態度。

一般來講，這階段選手放著不管也無妨，讓教練帶起來輕鬆，但也是個考驗教練有多少能耐，讓人感到緊張的階段。

將ＰＭ模型作為量尺般活用

ＰＭ模型就大致分為這四個階段。不過在實際層面上，選手未必能被好好劃分在某個階段內，而且也不是一二三四這樣照順序往上爬。而是可能會上上下下，或從第一階段跳到第三階段等等。

想好好瞭解選手究竟身處在哪個階段，就必須仔細觀察，掌握對方的技術水平和個性，以及目前煩惱的問題是什麼。最後統整這些因素，決定選手當下最適合進行什麼課題。

並非每一位資深選手，就一定是第三和第四階段。有可能選手在技術上遇到瓶頸，因此還卡在第二階段，必須採取技術教學的指導法。或者是以年輕選手來講，煩惱的也未必都是技術問題。如果發現比起指導行動，更需要採取育成行動時，或許代表對方已經踏入第三階段了。身為教練，為了能夠處理五花八門的狀況，就必須準備好四種階段的對應方式。

不過，這個運動指導法ＰＭ模型，只能說是當個「量尺」參考。在搞懂選手究竟身處哪個階段時，可以拿出來作為判斷依據。至於日復一日的指導，還是得根據選手本身的狀況調整，才有辦法確實到位。

第一階段

「初學者（新人）」首先以指導行動鍛鍊技術

從這裡開始，將會詳細說明每個階段的內容，並搭配實際的例子說明，藉此更具體呈現各階段的樣貌。

首先是第一階段。以職棒選手來講，就是指高中畢業的新人。有些從大學、社會人球隊加盟的選手，可能也還沒確實掌握基礎，對於該怎麼做才好毫無頭緒，那也算在本階段。**對於落在本階段的選手，就得仔細教導技術上的基本。**

修正投球上的動作，指示「今天就以遠投為主」、「明天不碰球，練其他項目」等等內容。由教練主導菜單，安排什麼時候該做什麼樣的練習。

高中畢業的新人，從離開學校球隊後，到加盟職棒、正式開訓間的空窗期，會自己依感覺練習調整。但那通常並不是好的練習方法。

結果，好的投球感覺和身體動作，就在不知不覺中跑掉了。初期的練習，就以喚醒當初的感覺為主。如果和其他前輩都用同一套菜單，就回不去當初的理想狀態，所以得先教導基礎中的基礎，就像教小學生背九九乘法表一樣。

還無法掌握自身狀況時，得先徹底建立基礎

球員在剛進職棒的時候，會興致勃勃地想學習各種新知。即使故意不去指導育成行動，選手也會自動跑來徵詢教練的意見。在聽從教練建議、實踐後順利成長，又會讓動力隨之提高。

即使如此，還是有球員看著前輩們在牛棚練投，或者場上的身姿時，內心會產生焦慮。明明都打進職棒了，卻還在練國中就學過的「基礎中的基礎」。有的選手會因此心生不滿。也有球員會挑明說「我要投球、我要投球」，但都會請他們暫且忍耐，先做完份內的訓練。

還沒辦法掌握自己狀況的選手，當然也不會瞭解做什麼才合適，所以必須直接告訴他們「你們還沒到達那種程度」。

在能獨當一面之前，可能會在這階段停留兩到三年左右。雖然能做到的選手會立刻升到下一個階段，但大部分的選手不會立竿見影。若是全憑自己的感覺去做，那麼就很難出現顯著的成長曲線。

對於初學者（新人）的指導法

- 指導其最基本的知識與技巧
- 接受指導的興致極高

第二階段

「中級者（年輕人）」一邊注意內心動力，一邊給予技術支援

第二階段的選手，因為技術面還不夠成熟，仍得進行指導行動。不過和第一階段相比，已經跨越了不少障礙，所以也必須增加課題的難度，內心的動力就比較容易受挫。**在這個時候，就會漸漸增加育成行動，多告訴對方一些做人處事的道理。**

「雖然你還沒辦法完成這個課題，但這畢竟是不完成不行的東西，以你的能力只要找對方法，就一定能夠完成。所以再加油吧。」

必須像這樣考慮對方的心情進行指導。所以這也是教練最需要發揮熱忱、好好體諒選手的階段。平時就要不斷思考，該怎麼不讓選手的動力下滑，即使會稍微費點勁，也必須將之付諸實現。

能跨越這階段障礙的選手，會在不費吹灰之力下輕易突破。但會滯留在第二階段的選手，往往就是沒辦法完成眼前的課題，不斷在一二軍間來回升降。

在這裡卡關的球員，最終能穩定成為一軍戰力的少之又少。正因如此，才會需要合適的指導法。根據指導的品質，就能夠提升選手穩定在一軍發揮的機率。教練就是背負著這樣的重擔。

將好幾個人一起同時進行指導，可達到相乘的效果

這個階段的選手，技術上其實已經有了一定水準。然而很多人因為精神方面還不夠成熟，所以比起一個一個進行指導，不如讓好幾個人結伴一起進行，更能期待出現相乘效果。

過去在軟銀執教時，我曾集合四名年輕選手，將他們編為「B小組」。他們都是程度還算可以，但不夠擔任主力的球員。每當誰上場，誰遭遇失敗，抑或是誰有了出色表現，就會集結四個人一起分析原因，共同分享心得，好用來增進自己。

之所以讓多人一同共享成功和失敗，目的在培育他們的上進心。雖然自己還沒遭遇挫折，但因為某人失敗了，所以透過檢討會的討論，會切身體驗到自己身為職棒球員，還有哪些地方做得不夠，必須更加努力追求才行。

多去接觸各種不同的狀況，設身處地去思考他人的成功和失敗，想像如果是自己的話，最合適的解決辦法又是什麼。我希望藉由像這樣的意象練習，讓他們能夠成長茁壯。

對中級者的指導法

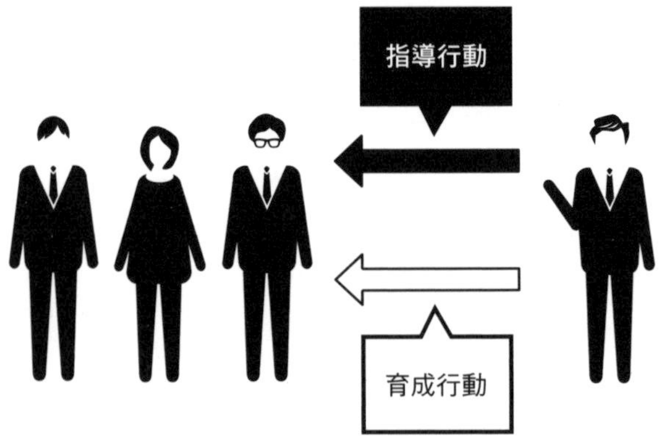

- 指導行動的同時，也必須多在育成行動上下功夫
- 讓幾個人統整為一單位，更能發揮相乘效果

第三階段

「中上級者（主力）」時時留意，避免破壞對方自尊

接下來第三階段，是雖然實力出眾，但對於身為專業人士該怎麼拿捏取捨，還沒到能夠完全駕馭的選手。**粗略的說，就是「自鳴得意」，因為自尊心作祟，導致前進方向偏離正軌的選手，正是這個階段的對象。**

曾經，達比修有還在日本火腿隊時，有年在確定打進季後賽的狀況下，要迎來例行賽的最終戰。當時誰來主投便成為了一個問題，對球隊來講，那場比賽的勝敗與否，將

會牽動著季後賽的對手是誰。

站在球隊的立場，那是一場絕對想贏的比賽，因此去詢問了王牌達比修的投球意願。然而，那時的達比修卻不信任球隊。當時球隊的戰績已經大致底定了，但調度上卻沒有特別做安排，讓達比修能去爭取年度個人頭銜，搞得他很不高興，所以就揚言：

「既然如此，那我也不想投了。」

我非常能瞭解達比修的心情。即使如此，身為一個教練，為了化解達比修心中的疙瘩，還是得盡量說服他願意上場。

「要是你以後去到大聯盟，卻還像這樣鬧彆扭的話，是不會被接受的喔。你的心情我很能夠體會，以你的年紀來講，也難怪會有這樣的想法。如果是我的話也會這樣。但是啊，如果你真的把大聯盟當成目標的話，可就不能展現出這樣的態度喔。」

他有把我的話聽進去，並且願意接受了。不過到了隔天，達比修還是沒有辦法點燃動力。

「果然我還是別投了吧。」

結果，最後並沒有讓達比修登板。

在技術層面上，達比修選手沒有任何值得挑剔的地方。但他卻因為一些瑣碎的事，澆熄了自己的動力。要如何指導像這樣的選手，正是本階段的困難之處。

面對實力已經成熟的人，徹底進行「育成行動」

站穩一軍的年輕選手，會不定時地鬧起彆扭，態度隨之惡化。要怎麼用言詞督促這類選手，是一件頗為困難的事。**若是沒有好好瞭解對方的想法，並且加以說服，就沒辦法完成指導工作。**

當時我說那些話，是為了能讓想挑戰大聯盟的達比修，心中能留下具體印象。如果他還記得在日本的時候，曾經有誰對他說過這樣的話，我就心滿意足了。不過，我自己看著達比修後來赴美後的表現，我自認說的那些，應該有對他造成影響。

也曾有投手在回顧檢討的過程中，展現出極強的責任感，對於失敗完全無法釋懷，給自己打的分數總是很低。但如果什麼責任都往自己身上攬，對場上表現也有負面影響。換個說法，就是容易搞錯該注意的方向在哪。

在跟對方聊過好幾次後，才總算釐清原因。原來對方是從社會人球隊加盟職棒的選手。而社會人球隊的比賽往往採取淘汰制，基本上是一場定勝負。因此只要輸球，就會遭到公司的嚴厲責問和批判。

甚至有的社會人球隊在輸球時，棒球隊所有球員得在工廠大門前排排站好，對著其他員工賠罪。有的員工會認為，選手只要打球就好，不用上班，所以輸掉時必須道歉。在我看來，這些球員根本沒有道歉的必要。然而，他們卻是在這樣奇特的高壓環境中打球，往後也無法逃離這個內心陰影。**作為一個教練，我的工作就是幫他們除去這個心魔。**

這種類型的選手，需要的並不是技術指導。而是要跟他們說一聲：「你這點失敗還在容許範圍內，只要能快點忘了它，往下個課題前進，就能留下好結果。」

對中高級者（中堅份子）的指導法

- 因為不需要再督促技術了，因此採取育成行動
- 多聽對方說什麼，在瞭解過後，想辦法說服對方

第四階段

「上級者（一流、王牌）」保持共識，構築信賴關係

達到第四階段的上級者，也就是所謂的「專家」。無論是技術還是精神方面都已經完全成熟，教練只要陪在旁邊看著，在有什麼狀況時負責「陪聊」即可。

放眼現在的職棒球界，幾乎沒有達到這境界的選手。前面曾經介紹過，在赴美前的達比修有選手，以及軟銀的薩爾法特選手，是這個階段的球員。他們的想法通常沒什麼大問題需要修正，所以只要側耳傾聽就好。

但是，一旦他們產生了什麼疑問，那將會是難度極高的課題，因此大意不得。而且，他們有時候還會刻意挑戰教練有幾斤兩重。

大聯盟的亞特蘭大勇士隊在一九九〇年代後期，以「投手王國」著稱的年代時，當時的投手教練萊奧．馬佐恩（Leo Mazzone）曾經說過這樣的話：

「葛瑞格．麥達克斯（Greg Maddux）他啊，會問一些很麻煩的問題喔。像是某場比賽去投某一顆球，到底是好是壞之類的。」

因為會出現像這樣高難度的疑問，所以言談上也必須具有相應程度。那些被稱作王牌的佼佼者，真的只會聊些高層次的東西。無論如何，教練若是沒辦法講出令他們滿意的回答，就容易被看扁。

如果這階段選手沒有主動提起，那就沒有特別去問的必要。像薩爾法特他特別愛聊天，因此負責陪聊聽他講就行了。當然，他說的都是英文，所以大概只能聽懂一半，不過適時地接著他的話回「Really？」，他就會感到心滿意足了。

培育出一流人才，就能影響到整支隊伍

一流選手在隊上，自然容易得到其他隊友的注意。先前所提到的B小組，經常偷聽我和薩爾法特都在聊些什麼，從而參考其中的內容，看看有什麼東西，能夠幫助到自己的投球。不久後，年輕選手們就成功和薩爾法特打成一片，從他身上學到各種不同的事情。

若是培養出第四階段的選手，就能夠帶給球隊全體正面影響。因此要盡快藉由指導法養成這種球員，之後就只要從旁顧著就好。如此循環，是最理想的指導法。

在日本火腿隊陣中，宮西尚生已經很接近這個境界了。他是位非常適合擔任領導的人才。我期待他如果順利達到第四階段，或許能給日本火腿隊的年輕選手帶來影響，讓大家能夠更進一步。

面對上級者（一流、王牌）的指導法

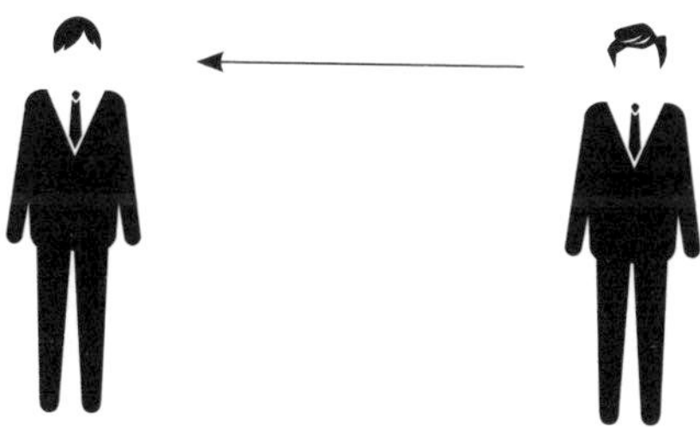

- 無需進行指導或育成行動，只要從旁看著即可
- 拋出的問題頗具難度，為了能順利陪聊，需具備高層次的談話能力

經常觀察對象，確實做好四階段的分類

基本上，要如何在教導過程中，分別活用四大階段進行指導，以及仔細釐清球員現在身處哪個階段，是教練被賦予的重任。雖然隱含了諸多不同的因子，但若想確實掌握，最重要的一點，還是得直接面對選手，瞭解當下的課題種類。

如果選手最主要的課題，環繞在投球動作、機制、配球等等問題的話，那就屬於第一階段。如果除此之外，還有其他偏向育成行動方面的困擾，那就必須劃入到第二階段。而且，第一階段和第二階段通常不會區分得很清楚，在指導身處模糊地帶的選手時，必須好好瞭解該用第一還是第二階段的指導法應對。

話不是聽過就算，親眼見證也相當重要

最重要的，就是得不斷觀察選手。透過觀察，不好好察覺敏感之處可是不行的。極端地講，選手每天的課題都應該有所變化。而課題本身是技術層面的，還是心理層面的，則關乎當事者流動到哪一階段。通常，一位選手不太可能一直停留在某一階段。少數可能的案例，只有精神和技術都已經成熟的第四階段。大部分的人都在第一到第三階段之間徘徊，因此需要教練的細心觀察。

雖然傾聽選手的意見很重要，但有時選手自己煩惱的地方，也會與客觀評斷需要進行的課題不同。因此不只是聽選手怎麼講，教練也得靠著自己的雙眼，無時無刻好好確認實際狀況。

這個運動指導法的ＰＭ模型，是我用來作為衡量標準的指導法技術。

在感到猶豫時，我就會拿出這個模型，確認好選手所在的位置。希望大家先理解這

個模型，作為指導法的行動基礎。

不過，也不需要每天都拿這個模型出來確認。**而是在選手開始出現一些和平常不同的課題，或是選手的行動產生變化的時候，為了重整自己的思緒，再採用這個模型衡量就可以了。**

在我的經驗裡，大部分的選手都算是第二階段的中級者。或許在商務界的現場，也會是同樣的狀況。

那也代表，對於選手和員工來講，指導法所扮演的份量，可謂舉足輕重。

專欄：影響我的指導者②

善於抓住人心～仰木彬教練

說到仰木彬先生，可是常祭出誰也料想不到的戰術，以「仰木魔術」著稱的一代名教頭。另外，讓鈴木一朗登錄為「Ichiro」這名字的事也家喻戶曉。

在近鐵猛牛時期，有一年仰木先生原本在當首席教練，不過到夏天時，已經確認隔年將接任總教練。某次在偶然之下，重訓室剛好只剩我和仰木先生兩個人。那時的我，還是個一軍只有兩勝的小咖投手。然而，仰木先生卻特別走過來對我說：

「阿吉，明年我會好好重用你的。」

在我想詢問怎麼回事之前，他就轉身離開了。雖然不曉得什麼狀況，但內心微妙地被這句話鼓動，「我會在明年飛黃騰達」的預感由然而生，季後也練得特別來勁。

隔年一九八八年，也是仰木體制的第一年。球季剛開始時，正如他所預告的，都在重要場合時派我上場。原先在一軍只拿到兩勝的我，就在這氣勢下突飛猛進，一口氣拿下了「最佳救援投手」的頭銜。

因為我始終沒向仰木先生做確認，所以還是不懂他當初在盤算什麼。但畢竟是那個仰木先生，因此可以認定，這便是他優秀的言語技巧。

藉由精打細算的斥責誘發出好表現

我經常遭到仰木先生的責罵。後來打探才得知，**仰木先生認為我處在血脈賁張的狀態下，上場時更能夠徹底發揮**，因此常常故意激我，讓我帶著反抗的情緒站上投手丘。

但我完全不知道這回事，只覺得每次上場前，都被一些莫名其妙的理由責備，一肚子火地上去投球，如此週而復始。

因為實在太生仰木先生的氣了，有一次甚至當著本人的面，直接翻桌給他看。然而，本來就是策略性的責備，所以總教練在被翻桌之後，卻還是一言不發地離開了房間。一般來講，這可是非常嚴重的問題，被炒魷魚或交易離隊也不奇怪。但什麼事情也沒發生，更證明了這一切早就被算計好了。

還有一件事令人印象深刻。在近鐵與歐力士合併，「歐力士野牛隊」誕生的第一年，總教練就是仰木先生。碰巧那時我也效力於歐力士，但當年投手經常遭到痛擊，搞丟了好幾場勝利。

就在此刻，仰木先生突然召集所有投手。

「找你們來，是想簡單開個會。」

那時大家都以為會被指著鼻子痛罵「你們給我好好振作點」。然而，當大家進到會議室時，仰木先生在大家面前卻這麼說。

「嗯，有時難免會這樣。就當成一種挑戰吧，別灰心喪志喔。」

就只說了這些，大家便從裡頭解散了。**原以為會大發雷霆，結果反而是講鼓勵的話。正因如此，心裡就變得更想替仰木先生打拼。**原本職棒選手都只是為了自己而戰，但卻因此轉換成想為了球隊、為了總教練而奮鬥。懂得靠著語言的技巧，為選手們注入能量，這正是聰明的仰木先生所施展的魔法。

刻意說些難為情的話，讓團隊能夠奮起

我在日本火腿隊時期，某次覺得有奪冠機會時，就學習了仰木先生掌握人心的方法，對其他選手們這麼說：

「多虧了你們，能讓我在執教期間，度過了愉快的一段時光。讓我們奮戰到最後，享受最甜蜜的果實吧。」

將這些平常會感到難為情，而無法說出口的話刻意講出來。當時球隊的狀況其實不

好，若是繼續低潮下去，肯定無法封王，對選手們也有負面影響。所以我得身先士卒，把內心的想法直白吐露。

雖然我是有意講這些的，不過棒球選手內心很單純。只要被這麼說了，就會自然地開始努力起來。我給自己一個警惕，教練必須能夠自然地把這些羞恥的話掛在口中。前洋基隊的德瑞克．基特（Derek Jeter），平時就將類似這些話語照三餐講。

「在我的背後，可是有千千萬萬個球迷相挺。因此可不是灰心喪志的時候。」

不只是運動選手。像這樣的「陣前喊話（在比賽開始前，教練選一個球員當領導，替大家說點激勵的話）」，就會產生很好的效果。具體地說，這能點燃選手內心的火焰。害羞扭扭捏捏的，就沒辦法撼動球員的心。仰木先生就是在這一點，非常懂得該怎麼抓住選手的心理。

在自由放任之中，畫清一道不能跨過的界線

棒球是一項非常接近個人競技的團體運動。但畢竟還是團隊運動，所以也必須有著隊伍的內規。

像讀賣巨人這種受到大眾矚目的球隊，規定就會比較嚴格。禁止酗酒、禁止蓄鬍、沒穿著球衣的時候，一舉一動都要有紳士風範。管得就是這麼細。

仰木教練他也有制訂內規。不過，那些規定都很寬鬆。像無論喝到多醉，只要記得在比賽前來到球場，並且還能好好地上場打球，大概就不會有什麼問題。仰木先生就是這樣的教練。

即使如此，還是有條不能夠跨越的界線：**那就是會造成球隊困擾的事情，就絕對不容發生**。像是講好了集合時間卻遲到，或者沒有來比賽、比賽中無視暗號、打球時的態度鬆懈等等。一旦出現這狀況，就會毫不留情地被打入冷宮。降下二軍後，就別想再回

到一軍。

仰木先生帶兵風格看似自由，好像想做什麼都沒關係。然而，若是超出了界線，就會立刻遭到嚴厲的懲罰，所以整支隊伍也能好好的凝聚在一起。這就是教練應該具備的重要才能。即使是主力選手，也不會特別網開一面，犯錯了就是錯了。否則若是放人一條生路，就會被選手看扁，而要是太過嚴格，則無法提升球員的動力。雖然難以掌握箇中分寸，但仰木先生卻能輕輕鬆鬆地拿捏自如。

不過，只要不觸犯會妨礙球隊的天條，那其他部分大致上都是沒問題的。當球隊遠征外地，選手們三更半夜打麻將，打到都要天亮時，教練他常常人就在一起。

「啊你們還要玩喔?」

雖然他嘴上這樣說，但打到先回旅館休息的卻是我們。

回想起來，我現役時期的行徑挺誇張的。打完晚場比賽後，回到飯店立刻換好衣服，到大廳集合，從飯店直奔雀莊*。大家圍一桌，直到早上七點才回到飯店，睡到中午再吃個飯，接著到球場練習，迎接晚場比賽，然後又去雀莊，形成一個循環。

過著如此放蕩的生活，倒意外地還能好好保持住自身狀態。要是生活亂七八糟的，指導方式也會亂七八糟。而只有能在亂七八糟指導下存活的選手，才有辦法拿出好表現。那些都是才華高人一等、打從娘胎出生，身體素質就比別人優秀的傢伙，碰到任何狀況也都能夠好好挺住。

但我認為，那些沒能成長茁壯的選手，應該也有才能傑出的人，只是他們都在亂七八糟的指導下崩潰了。而沒有崩潰的選手則造就了傳說，撐起了整個棒球圈。但在越來越少人想進職棒的今天，絕不能還像過去一樣。同樣的生活和指導方式，只會讓棒球圈越來越萎縮。

---

* 翻譯註解：日本打麻將的店。

第三章
如何實踐指導法

指導法的三項基礎：「觀察」、「詢問」、「代入」

在這個章節，將會具體介紹如何實踐指導法。

基本上，我個人的指導風格，會先從「觀察」起步。我想幾乎所有的教練大概都是如此。接下來我會進行「詢問」，以教練身份探聽選手「你想怎麼做呢」、「你是怎麼想的呢」。最後，設身處地「代入」站在選手的立場。這是為了思考正在指導中的選手，此時適合什麼作法，又該怎麼傳達等等。完成這三個階段後，再正式進行教學。

在我剛當上教練時，每個教練都會去觀察球員。雖然我也是跟著邊看邊學，但沒有馬上進到「詢問」階段，而是等待球員主動來找我討教。那時我也沒有設身處地，站在球員的立場，一旦誰問了什麼，我就會講起自己過去的經驗。之所以會這麼做，是因為我也不知道其他辦法是什麼。然而，我發現這樣的作法有個問題：我還在當球員時，從來沒有因為哪個教練用這種方式指導，讓我得到了什麼有用的啟發。儘管我也陷入了相同的狀態，卻沒有其他替代方案。

即使說出答案，也只會徒增對方困擾

我認為對選手來說，「立刻講答案」並不是一個好的指導法。**就算說了答案，那也是屬於我自己的答案，並不確定是否能適合那位選手**。反而還會造成對方產生罪惡感，徒增困擾而已。不過，其他很多教練卻老是自信滿滿地用這方式指導。雖然我若是不這麼做，就沒別的伎倆了，但越是這樣教人，心裡頭的疑問越是湧現。

觀察、詢問、代入的三階段

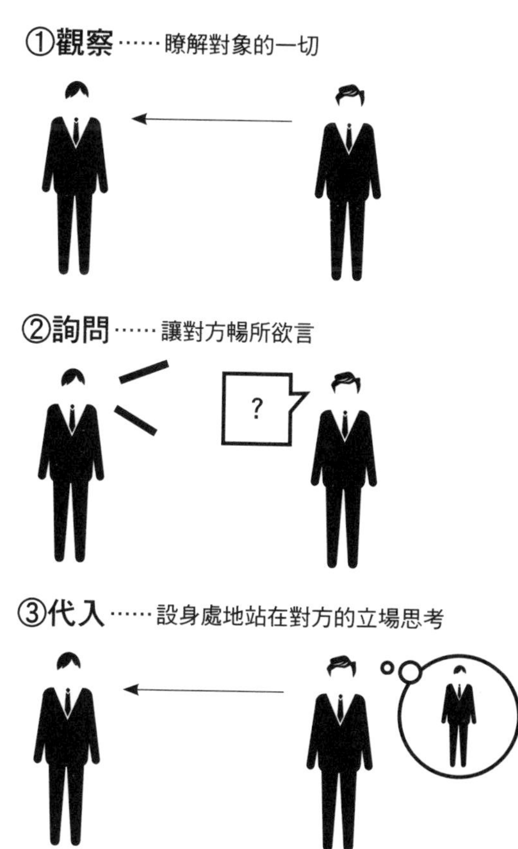

於是，我開始去研讀指導法的相關書籍，有什麼就讀什麼。不過卻沒有感到實質的幫助。原因在於我自己能夠拿出手的東西實在太少了，雖然讀到了一些知識，但卻無法好好消化，導致即使想運用這些知識，結果也只是照本宣科，限於表面功夫而已。好不容易唸書學到的東西，卻一點說服力都沒有。

不只是照本宣科，若是沒辦法好好吸收反芻，那麼也沒辦法昇華書本上的知識。**我想了想，要徹底瞭解書上寫的東西，就必須瞭解指導法的基礎知識**。所以去找相關的專家老師，學習他們身上的經驗是最理想的。就在這個思路下，我決定攻讀研究所。果真如我預料，在研究所好好學習過後，透過書本所得到的瞭解也更豐富了。

觀察、詢問、代入，這三個指導法的基礎行動，就是研究所裡學到的重點集大成。接下來會針對這三個行動，一一進行分析解說。

「觀察」：徹底研究對象的一切

為什麼選手明明那麼努力，卻沒有反映在成績上呢？這就代表觀察重點可能在「練習的品質」。在許多案例裡，往往是練習的強度拉得太高了。雖說要稍微調降強度，但又不能變成混水摸魚。該如何調整為適合選手的等級，首先就得好好地進行觀察。

這個道理，在商務的世界也是相同的吧。明明做著相同的工作，有的人就會覺得喘不過氣，內心壓力山大。也有人覺得像是喝水一樣，完全感受不到任何難處。就算都做同樣的事，也有分會成長和不會成長的人。**這方面的問題，得透過觀察好好瞭解，否則教練沒有擬定好策略對症下藥，就沒辦法產生出效果**。

這些事情本人基本上不會察覺。所以會變成自己明明很拼命了，可是卻沒有拿出成果，結果思考越來越負面。而藉由指導法的觀察，就能夠達到防患未然的效果。

進行觀察的重點，在於事先把握好選手的個人特徵。不只是技術層面，包括選手的個性、吃什麼東西，到睡眠狀況如何等等都要瞭解，才能提升觀察上的準確度。不過，這些事可不能當著本人的面問，而是透過其他選手和工作人員進行探聽。

「那傢伙最近如何？」

「有什麼煩惱嗎？」

「跑去喝酒了嗎？」

「比賽輸掉的那天，他有特別怎樣嗎？」

在不經意的言談之中，就能拼湊出選手的特徵。這不是只有我，很多教練也會這麼做。大家的方法不盡相同，直接向本人詢問，單刀直入探聽的人也很多，那也不能說是絕對不行。

然而，我之所以選擇採取暗中蒐集情報的作法，是因為本人的說詞會帶有太多成

見，因此沒辦法掌握真實的姿態。

再者，以我自己的個性而言，很容易對人產生好惡的情緒。要是動不動就把心情寫在臉上，就不夠格當好一位教練了。所以，我必須盡量別和選手距離拉太近。以上的兩個理由，讓我決定盡可能不向本人探聽。

透過觀察，掌握形形色色的類型，擬定方向和對策

透過觀察，就能再度瞭解到每個人的類型五花八門。

明明練習又沒多認真，卻老是找藉口的類型；明明沒有盡到該做的責任，卻把過錯全部都怪給他人的類型；只要不順就會火冒三丈，開始亂砸亂摔東西的類型；太過在意他人眼光的類型；看似任性又愛胡鬧，但卻會認真努力的類型。光只是職棒選手，型態就這麼豐富。

再怎麼說，沒有完成份內的事，然後用藉口搪塞，那就不可能順利成長。儘管有當上職棒球員的身手，卻同時抱持著這種心態，或許跟本人的個性，以及過去業餘時代的指導方式有關。

被嚴格的指導者所教出來的選手，會因為習慣照著教的東西做，不會自己主動思考，甚至完全不會動腦。這樣還能打出表現的人，本身素質不在話下，但在職業的世界裡，這種水準的選手比比皆是。**若是沒有自己思考、自己想辦法解決的能力，就不會有所成長**。最終結果，就是把過錯推給自己以外的人事物，一昧地逃避著。

談到動機部分，那種誰也不想輸，誓言要成為球隊第一，藉此獲得動力的類型，在無法達成時的藉口也特別多。這是因為動機的向量並不符合自身狀況，因此難以進行回顧檢討。

同樣的問題，就不會發生在為了讓自己變好，願意老實地一點一滴完成小課題，藉此獲得動力的選手身上。因為他們即使遭遇挫折或失敗，也能迅速轉換成得更努力的心情。

STEP1：觀察

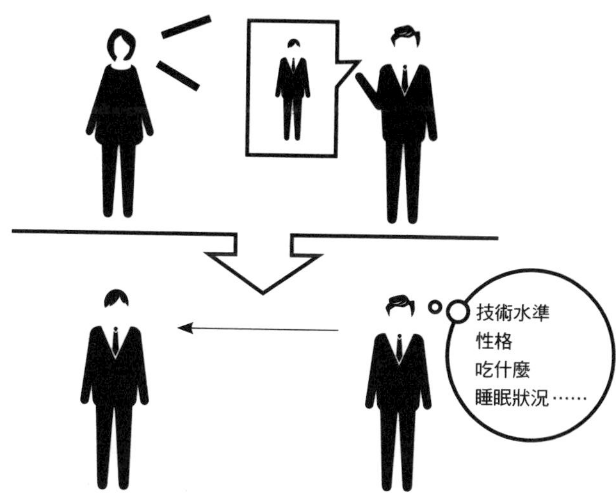

- 從側面打聽對方的特徵
- 掌握對方的類型

身為教練，不能不好好觀察選手們的言行及態度。好好觀察、做好筆記，綜合手上的情報，才能連結到下個「詢問」環節。

「詢問」：要避免多餘的話語

若是無法將自己的某個動作，化為言語進行表達，那就不算是真正的融會貫通。

「詢問」正是為了強迫訓練選手這項能力。一般而言，都認為所謂的「詢問」，不過只是表達疑惑罷了。這樣的詢問的確佔了大多數，但要追求的不只如此，而是在能讓對方「點頭」、「附和」的前提下提出問題。

就讀筑波大學時，有一位讀博班的前輩是詢問方面的專家。這段期間恰巧我也任職於日本火腿鬥士隊。因此我就拜託前輩，請他一字一句分析我對選手的詢問內容，看看是否合宜。我現在則根據該分析結果，選取最有效的方式進行詢問。

以某投手今天投完球後，所進行的詢問作為範例：

「你對自己今天的投球，覺得能打幾分？」

「今天投球上哪些地方是好的？」

「相對地，今天哪些地方投得比較差？」

「今天的投球內容，有哪個部分讓你覺得搞砸了？」

「若是能回到出錯的當下，你會打算怎麼做？」

「為了更能做到這點，你覺得事前應該做好什麼準備？」

「綜合以上，你認為下次上場前，應該採取什麼行動？」

詢問內容大致上是如此。**基本原則是除了提問以外，其他時間都應保持沉默，專心聆聽球員說什麼**，別插多餘的話。除非選手因為本身學識不足，不知道該如何表達時，可以稍微做點提示，幫助他順利說出口。

這和第二章曾詳解過的「回顧檢討」道理相同。透過詢問所得到的答案，就能探聽出該選手現在的想法。只要能理解這點，就更有可能深入該選手的內心，顯著提升指導的品質。

透過詢問，掌握對方言語表達的水準

進行多次詢問後，就會發現在面對問題時，有的人擅長言談，但也有人表達能力有落差。這與選手的「安定感」息息相關，這裡所說的安定感，並不是說水準上的問題，而是個人狀態是否經常大起大落。

能夠好好將自我表現化為語言表達的選手，平時狀況的起伏也不大。即使狀況不好時，因為能夠正確表達，得以迅速採取相應的指導修正。而在狀況好的時候，也能夠明確告知，讓教練能夠理解，接受更上層樓的指導。

另一方面，無法好好用言語表達的選手，往往容易大起大落。在狀況糟糕時卻表達不清，那教練便愛莫能助，結果走不出低潮。這就是為何此類選手，一旦狀況下滑了，往往也就回不去了的原因。就算狀況正好，卻無法分析好狀況的原因何在，因此沒辦法加以維持，更別說再精進了。

狀況不容易有所動盪的選手，才比較容易進到下階段的課題。給予這類選手強度稍高的課題，他們就會出現緩慢上揚的成長曲線。而沒辦法用言語表達狀態的選手，光是要扎根基礎面，就得花上不少的時間。且大多數人在走到這步之前，就容易被低潮困住，很快便遭到淘汰。基於此，能精準用言語表達，對球員可說是一大加分。

讓對方認清自己的姿態，提高語言化的能力

無法好好用語言表達的選手，往往自己實際上的動作，和自己內心所想像的畫面大相逕庭。為了整合兩者，看影片回顧便是個有效的方法。讓對方從實際的影片裡，看到自己動作長怎樣，在腦中統整出正確的畫面，就能強化選手的表達能力。

我在年輕的時候，箕島高中的一位大學長，同時也是職棒圈大前輩的東尾修先生，曾經跟我這麼說：

「喂，阿吉。你去把自己的投球動作拍下來，好好仔細看一遍。一開始你可能會懷疑『自己的投球動作居然是長這樣的嗎？』但若是把影片中的畫面，跟你腦海中的畫面徹底結合，你就能掌握住自己的動作了喔。」

那時我因為還很年輕，本身涵養不夠，因此搞不懂到底是什麼意思。等到後來終於領悟，已經是很久之後的事情了。讓大腦裡想像的畫面，跟自己身體實際怎麼動的完全符合，是促成言語表達的一大關鍵。

像這樣的經驗，應該不光是職棒選手有而已吧？

打高爾夫球的人，應該都拍過自己揮杆的影片吧。然後看著影片中的自己和想像中完全不同，於是感到驚訝。跑馬拉松的人也是，看著自己跑步時的樣子，和想像中完全不同而感到錯愕。這種驚訝與錯愕的感受，正是根本沒搞懂自己是怎麼揮杆或跑步的鐵證。

若是轉換到商務現場舉例，可能就像是在講電話的時候，自己實際上說出口的態度和言詞，和自己想像中的態度和言詞，差別肯定相當明顯。或者雖然機會不大，不過做業務的人，也可以把自己工作的樣子拍攝下來，結果應該也滿有趣的。估計也會和自己的想像差非常多。

人啊，就是這麼不瞭解自己姿態的動物。但若是不好好瞭解，就沒辦法將狀態化為言語表達。受到他人指教時，自己沒辦法接受、做出修正，並用言語加以說明的話，就無法徹底轉換為自身的東西。

特別是需要運用身體的體育活動，即便察覺姿勢上有什麼怪異之處，但本人卻無法確切掌握問題根源，就不可能進行修正。指出問題並告知修正辦法，雖看似能在一時解決問題，但如果本人不得要領，那很快就會重蹈覆轍。必須要在對方真的察覺，自己也努力過，知道該怎麼修正的情況下才能見效。為此，就必須頻繁地進行詢問，即使問到本人都煩了也在所不惜，直到對方能順利用言語好好表達為止。

寫日記幫助自己將動作語言化

想要提升表達能力，養成寫日記的習慣也是個好方法。**然而，重點在於別只是寫得自己看懂就好，而是寫出無論是誰，都能夠讀懂的日記。**換句話說，就是假想成自己是球評，以客觀角度描述自己的表現。這方面或許可以參考我個人的經驗。

在赴美加盟紐約大都會隊時，我也開始養成寫日記的習慣。從赴美第一年春訓，到往後在大都會的兩年間，我都有持續在寫。但我寫日記的動機並不單純，我是想說要是哪天飛黃騰達的話，就剛好能夠把這些文章集結出書。因此，為了寫出拿給別人閱讀也沒問題的東西，我盡量都站在客觀的角度書寫。

因為始終沒有飛黃騰達，這些日記最終也沒得出版。不過後來就讀研究所，我在一次運動心理學的研討會上講了這件事，指導教授就跟我這麼說：

「吉井同學，其實你在不知不覺間，就自己站在客觀角度，檢視自己的表現了。透過撰寫日記，便能察覺到各式各樣的問題，這對場上表現其實非常有幫助喔。」

我開始寫日記的目的並不在此，結果卻可能產生了客觀看待自己的效果。在教授跟我提點之前，我完全沒察覺這件事。

所謂一流選手，即使沒被他人提醒，也能做到客觀檢視自我的本領。我聽說在許多運動項目裡，被稱作一流的那些選手，以及能夠站上奧運舞台的運動家，都能夠一邊比賽，一邊在腦海中俯瞰自己的姿態。即使沒有特別訓練，也自然能站在客觀立場。正因為有這樣的能力，所以能夠不斷精進。

至於我嘛，則完全不具備這種能力。不如說，我不只沒辦法俯瞰，還會以自我中心的角度看待自己。但不管是俯瞰也好，還是像我一樣自我中心也罷，只要能夠在腦海中，建立以客觀角度看待自己的印象，就能知道該如何用言語正確表達。

這種感覺並非一朝一夕就能養成。也可能無論如何努力，都沒辦法領悟那種感受。不過，只要加以訓練，就越來越能養成客觀的角度。即使沒辦法達到一流選手的水準，但對於自己細部的複雜動作，至少也能掌握到其中一二。

別小看了寫日記這件事。在進行指導法時，務必好好利用這一招。

「詢問」的目的在於「客觀看待自我」與「構築信賴關係」

作為指導的手段之一，詢問的目的看似在於瞭解選手狀態。但其真正的精髓，則在於透過詢問，引導選手「客觀看待自我」，以及促成選手與教練之間「構築信賴關係」。

在研究所學習的時候，劍道部的老師曾說過一件有趣的事：

「現在劍道的練習，會用『一本』作為表達的單位。將『一本』連結到自身的動作及技術訣竅，加以用言語表達，就更能夠深入理解。」

劍道在揮動竹刀的瞬間，手部似乎會向內側縮緊。透過縮緊的動作，就會快速帶動竹刀尖端。如果能講明白這些東西，就是能夠客觀看待自己的證據。**只要能夠客觀看待**

自我，那麼就能夠明辨好壞之處。將好的部分延續下去，缺點則做出改善即可。察覺到好的時候會出現哪些徵兆，不好的時候又會出現哪些徵兆，就更能靠著指導法對症下藥。

自己能客觀地進行回顧反省，肯定就能發現到許多細節。而在這些細節中，又會學到許多的訣竅。最好都能像這樣反覆地客觀看待自我。

構築與對象的信賴關係，誘導對方講出關鍵內容而詢問

與此同時，選手們語言化的內容，教練應當給予肯定。**在持續肯定之下，選手們也會信賴教練，洗耳恭聽教練的指示**。雖說如此，也不是說全盤肯定選手所說的一切。很多時候也有不糾正不行的狀況，然而，並不需要一股腦地通通否定掉。

當本人說「我想這麼做」的時候，代表他的認知是如此，所以就算硬勸他這麼做功

效不大，恐怕也不願意接受。自信與自尊越高的選手，就越有這種傾向。想讓對方改變主意，就不能用硬來的，必須用說服的才行。

「原來如此，居然還有這種方法。」

為了讓對方能這樣想，就必須做好充分引導，說話時機也得慎重考慮。**如果在沒出現成效時，自己的作法遭到否定，那麼心情也會變糟**。無論表面上的失敗已經多明顯了，也都不是講出來的好時機。首先必須容忍對方的作法，讓他先嘗試一下。等到後來沒出現具體成效時，讓他自己說出失敗的原因。

「這次似乎不太順利，你覺得原因出在哪裡？」

在回答裡頭，若是出現和教練盤算相同的關鍵字，就能趁機一口氣提議。如果缺乏這種字詞，就得用誘導的方式詢問，讓對方的回答，能夠連結到自己想提出的建議。

「話說回來，你怎麼看待這件事情？」

身為選手，他們瞭解實際上到底成效如何，會有著想要改進缺陷，留下好表現的基本動力。雖然一次的失敗，可能會讓他們放棄而改變想法，但在下次也沒能如願的時候，趁機提出相同的建議，或許就會願意照著教練的話再試一次。

這可能會被認為是有些繞遠路的作法，但是教練在工作上，得面對到各式各樣的人，並盤算每個人在什麼樣的時機點，進行什麼指導課題最合適。教練若是沒辦法好好多工處理，指導就無法順利進行。

給予對方選擇權，尊重其主體性

不過「詢問」這件事，並沒有所謂「只要能做到這點就萬事ＯＫ了」的竅門。由於這非常倚賴教練的經驗和敏銳度，有時難免也會失敗。像有時可能得做出提醒，卻因為時機點已經太遲了，錯過對方願意接受的時候。

或許是關乎合約責任的緣故，美國大聯盟教練在有東西想告訴選手時，總是非常直白地說：

「還有一種方法是這樣，你自己決定要怎麼辦。」

總有種製造出「我都已經有講過了」，藉以規避責任的感覺。但同時這樣的指導法，確實也是尊重選手的一種表現。

將自己想讓選手做的部分納入選項中，交給選手自己選擇。身為職業的教練而言，這的確是個公平的作法。

老實說，我也不是沒考慮過成為那種類型的教練。只是從培養選手這方面去想的話，知道選手們做出了選擇，卻沒有發揮成效的話，我認為就得誘導該選手走向最適合的作法。因此我是往比較嘮叨的教練類型挑戰，這種說過就算負責的作法，就不會去模仿。

除非是到了某個年紀，已經懂得該自我負責的選手了，才可能會直接向對方提建議，做不做全看選手自己的取捨。面對接近第一階段，以培育為主的選手，以及面對接近第四階段等級，已經成熟的選手上，該拿捏的分寸也不同。對於能判斷自己要什麼的選手而言，讓對方去做自己不想做的事情，往往不會成功。

曾有選手從高中畢業加盟，在二軍表現得嚇嚇叫，獲得青睞升上一軍，但卻又在不久後降回了二軍。然而，該選手的投球動作，卻明顯變得和之前在二軍時完全不一樣。

向本人探聽後，才知道那是想模仿某位前輩，所以才會改動作。那名前輩是位超級巨星，也是該選手憧憬的對象。我很懂這種想模仿前輩的心情，不過，那位選手的體型和力量都和前輩完全不同。即使採用相同的動作，也不可能投出一樣的球路。以我的觀點來看，以前的動作明顯比較出色，也更適合該為選手。

「但是啊，這動作可是一點都不適合你喔。」

「不，我就想用這動作投球。就這麼決定了。」

由於選手如此強力主張，於是我也沒有硬要他做改正。

「這樣啊。既然如此，那就想辦法用這姿勢做到最好吧，我也會幫忙的。」

然而，雖然他也很認真努力，但卻沒有留下好的結果。那位選手後來就沒有再被叫上一軍過。由於是潛能很高的球員，因此在短期內或許有所表現。但是上一軍的必要條件，是得一整年都穩定發揮，他卻沒有辦法做到這點。

當選手明顯採取錯誤的選擇時，教練必須加以介入

不能放任年輕選手認為：就算會縮短自己的選手生涯，還是選擇了不適合自己的方法，甚至為此下定決心，覺得即使沒有出頭也在所不惜。這樣選手在未來一定會感到後悔。如果是經驗豐富的老鳥，那麼放任倒還好。但如果是年輕球員，就必須拿出教練的身份，想辦法促使對方改變方針。

交給本人進行選擇，看起來確實是尊重對方的意見。儘管如此，若是明顯沒有成長，**甚至是會面臨受傷的風險，教練卻還是選擇袖手旁觀，我總認為，這算是放棄了自己份內的職務。**

前述當成例子的球員，身處於ＰＭ模型裡第一階段。原先還不需要教導對方「如

何在社會立足」的觀念，所以還是能強硬告訴對方「這個動作不適合你，給我改成這樣去做」的時候。但當時我的知識和經驗都還不夠充分，因此感到非常迷惘，覺得是非常棘手的案例。

比起教練，選手們會更容易接受前輩的意見。在我還是球員的時候，曾經認為比起教練說的話，前輩們的意見才是更正確的。正因如此，教練必須想辦法創造能讓選手能洗耳恭聽的氛圍，讓選手們可以信任教練。

構築超越上下階級的信賴關係

但是，這就牽扯到教練與選手社會上的階級問題。在日本，光是「教練」和「選手」這兩個字，就存在著明確的上下關係。雖然說「前輩」和「後輩」也有上下關係，但教練和前輩的強度明顯不同。因此不管怎樣，都傾向先找距離感比較近的前輩討教。

即使比起教練，前輩的階級低一些，但在意願的影響下，吸收效率會抵銷這之間的差別。結果就是做出選擇的選手，最後卻徹底毀了，所以才令人擔憂。

職場也是相同的道理。雖然做什麼事情取決於上司的命令，但若將上司及能力出色的前輩放在一起比較，應該比較多人會選擇相信前輩吧。這樣卻容易造成完全背道而馳的結果。儘管前輩本人的工作能力有多麼出色，然而對於指導他人卻可能一竅不通。一昧地盲目模仿，勉強自己做著不合能力的事，當然不可能順利完成。

如何建立教練與選手間的橋樑，這個題目沒有一勞永逸的解決之道。**即使如此，教練也不該懈怠於和選手構築信賴關係。**儘管沒有百分之百的正確答案，仍必須時時刻刻探索解答。

STEP2：詢問

- **徹底詢問，養成對方「客觀看待自我」**
- **尊重對方主體性，構築信賴關係**

「代入」：藉此站在對方的立場

如同字面上的意思，「代入」就是「代換成對方立場」，教練藉由換位，思考選手的想法是什麼。**但是，這不等同於以前教練習慣的「如果是我會怎麼做」，而是轉換自己的觀點，思考著「如果是那位選手的話，他可能會怎麼做」。**雖然這思考方式有點抽象，難度很高，卻是教練指導球員技術時的關鍵。

好比投球時，經常有投手需要提醒「身體別開掉了」。儘管當教練在一旁看著，會認為選手身體的確開掉了，但只是嘴巴上說說「別開掉」，那等同於看到什麼就講什麼，出一張嘴而已。

然而，選手們的感受不同，對於「不要開掉」的關鍵在哪也不一樣。我自己給建議時，常講的是「把手套放進胸懷裡投球」。如果把戴著手套的那隻手，盡量放到胸懷裡，戴手套的那一側身體就會自然閉鎖。以我自己來講，這樣就能體會到什麼是沒開掉的感覺，進而養成不會開掉的投球動作。

不過，有的選手即使這樣提點，也還是無從體會，即使把手套放在胸懷裡，投球時還是開掉了。

這就是「知道了」跟「做得到」的差距。如果說對方已經知道了，但是卻辦不到，就得用其他方式去說明。

而「代入」的意義，正是針對指導的選手，思考取捨該用什麼說法表達才好。

如果沒有進到這個層面，那麼被指導的選手怎樣都辦不到時，教練只會感到疑惑：「這傢伙怎麼都學不會？」

總而言之，就是將自己代入為該選手，想像他在做動作時，身體的感覺會是如何。

當然，因為涉及個人感受，抓不抓得準是個問題。但如果盡可能去想像，就能一定程度地同步，瞭解到對方的感覺是什麼。

時時刻刻站在對方的觀點，思考他會怎麼看待自己的建言

選手想怎麼做？選手的感受是什麼？在自己提出建議時，他又是怎麼看待的？許多教練沒考慮過這些事情，正是日本職棒界的不足之處。要知道，拜這群自己能夠做到，就認為其他人也該辦得到的教練所賜，選手都被搞得無所適從了。

身體開掉時，卻對開掉的感受不盡相同，這就會在教練與選手之間形成一道鴻溝。儘管想口頭規勸球員步回正軌，但卻可能沒有做出合適的指導。重點還是在於，要瞭解不一樣的球員，他們各自的身體動作，與該如何表達才有效也一定不同。

為了能夠順利代入選手，就必須先仔細觀察、詢問，培養客觀審視自我的能力、構築信賴關係。選手說出來的感覺，若是沒有和教練的感覺接近於同步的狀態，那麼雙方

的鴻溝就只會越來越大而已。

為了能讓對方理解，學習知識也很重要

這是二〇一〇年我帶二軍時曾發生的事。那時有一位被期待成為「達比修二世」，印度和日本混血的選手「達斯．羅馬修匡」（ダース・ローマシュ匡）。他擁有超過一百五十公里的球速，而且手腳都比達比修還要長。因為希望他能成為像達比修那樣的投手，於是教導他重心穩穩放下，身體不要開掉等等的日式投球法。然而，即使達斯選手照著我的話，投出頗具水準的球路，卻老歪著頭說：

「總覺得好像哪裡怪怪的，感覺就是不對。」

結果到頭來，也不知道教導過程哪裡出了問題。

直到後來進了研究所，學習到投球的細節時，我才發現問題在哪。

日本人因為手臂較短，會選用儘量留住身體、封閉式的投球方法。但是達斯選手的手臂很長，所以就算身體有一點開掉，也必須優先考慮保有充分的揮臂空間，否則投起來就會老是不順。儘管這是一定得要瞭解的問題，但因為我沒有設身處地，代入達斯選手的身體感受是什麼，所以沒能察覺到。這正是「代入」的精髓之處。

達斯選手是印度和日本人的混血，而我教他的是日本選手的投球方法。如果有好好進行代入程序，就知道該用外國選手的方式來指導他。

當時就算直接問達斯選手，也會因為他還不夠成熟，不太可能做出「儘管想舒服地全力揮臂，但卻沒有足夠的空間施展」這種回答。放開整個身體去製造揮臂空間這種投法，可說是完全違背日本的投球原則，我自己也很難聯想到這部分。然而，若是沒站在達斯選手的角度去感受，從而挖掘到這點的話就會行不通。

若像日本選手一樣，都走精美路線，就會在碰到各種類型不同的選手時，沒辦法一一引導出最好的表現。雖然已經是常識了，但若是沒有累積經驗，或是沒好好學習的話就不會瞭解。所以說必須透過代入，知道這位選手要達成最佳狀態時，需要追求的東西是什麼。

在偶然的狀況下，有的教練可以精準判斷出選手的感受是什麼。但我不是這麼厲害的人。**正因如此，為了能夠準確代入，除了要跟球員做好溝通以外，更有必要多方研究其他相關的知識。**

總而言之，教練必須盡量多做溝通

關於「代入」這點，還涉及到心理的層面。

前面曾經談到大聯盟會用「小雞」稱呼投手的事。站在旁觀的角度，會認為小雞是因為害怕對決，才會投不出好球，但實際上卻不是如此。這要是沒跟小雞投手好好談過就不會明白。

「為什麼投不出好球呢?」

「儘管總教練說你是『小雞』，但你真的有這麼怕嗎?」

這樣問了以後，對方立刻否定。

「不，我才不是因為害怕。我也很想投進去解決打者。但越是緊張的局面，越想要解決對方，告訴自己的投球動作一定要到位才行時，卻越沒有辦法照著往常的方式投球。」

如果沒有體諒對方的感受，就不會瞭解這點。光是只看表面，就會覺得他在一昧逃避而壞球連發。其實本人想要一決勝負，但就是認真過頭，結果專注力放在錯誤的地方，最後沒有辦法順利進行。瞭解到這點，就曉得有必要好好調查，知道那個人內心到底在想什麼。教練也必須具備優秀的訪問能力才行。

所謂教練的工作，幾乎都是溝通的部分。**若是沒有做好「必須一直溝通」的心理準備，就沒辦法順利完成任務**。更不能投機取巧，把責任都往外推只顧自己快活。因此，

STEP3：代入

- 站在對方的立場，取得感覺的同步，再以此狀態溝通
- 需要持續和對方累積溝通與充實知識

若是沒有興趣支撐，是當不成好教練的。

高高在上，以權威高壓進行指導的作法，任誰都能夠辦得到。但那樣的教學方法，肯定無法構築與選手間的信賴關係。

一對一進行回顧討論

比賽完隔天，要留段時間回顧檢討賽事。基本上教練都是和球員一對一進行，事先準備好問題後，就輪到選手們發表意見。中途教練切記不可插嘴，徹底扮演好聆聽者的角色。

二〇一七年，我挑中了三名年輕的先發投手，在比賽完隔天，會和他們進行大概十分鐘的小會議進行回顧檢討。

提問的問題則是下列五項：

①「自我評分」

②「比賽中的優點、缺點」
③「覺得如果稍微做點什麼，就能改善的地方」
④「賽前的準備有順利進行嗎」
⑤「綜合以上，到下次比賽前想怎麼做」

每次都問一樣的問題，如此一來，選手的思考和發言就會產生顯著變化。之所以要自我評分，是因為以分數角度切入，更容易檢討內容。不同選手的評分習慣不同，有的人很嚴格，也有的人很寬鬆。靠著這樣的檢討回顧，也能瞭解到其他意外之處。在此特別挑幾個有趣的案例來講。

曾經有某位選手，儘管大部分的地方都做得不錯，但卻很在意些微的失敗。我覺得能打八十分的內容，他卻只給自己五十分。反觀另一位選手，明明內容上不怎麼樣，卻因為完成了某項課題而自我膨脹，明明只有五十分的水準，卻一口氣打了九十分。不過，這種差別其實不用太過深入追究。畢竟經過檢討回顧後，選手打分的基準就會漸漸改變。

評分嚴格的選手，通常也是在比賽中沒辦法轉換心情的類型。只要遭遇到一點挫折，就會漸漸找不回原本的狀態。這不好說是心態層面或是技術層面，畢竟要準確斷定因為哪邊而失敗是相當困難的。這種時候，就要先去修正技術層面的東西，再想辦法讓對方保持正向心情。

順序這樣排的原因在於，如果先從心態層面切入，告訴他「這樣想不對」、「看開一點吧」等等曖昧的話，會讓談話失去重點，球員只會腦中一片混亂，更不知道該從哪個地方開始修正才好。所以，要先把重心放在技術上的修正，才能夠達到效果。

進行能引導對方產生「正向思考」的詢問

有時選手會反問「教練你覺得該打幾分」。雖然這種時候可以明講，但若是選手沒問，最好就別主動提起。選手若是發現自己打的分數，和教練打的分數有巨大落差時，很可能會引發一連串的負面思考。

好比說，選手自己打了五十分，我卻給了他八十分，他就會覺得我給八十分是不是過譽了，吐出「可是」、「然而」、「但是」這些負面字眼，對選手而言可不是件好事。

雖然說詢問時基本不能插嘴，不過可以適時告知「這個地方不錯喔」，養成稱讚對方的習慣。只要稱讚優點在哪，對方就會連不足之處都更積極去檢討。對思考比較樂觀的選手來說，很快就會讓自己忘掉不好的地方，因此需藉由回顧檢討，深入挖掘失敗的本質，才能一起思考下一步該怎麼走。長久累積下，就算教練沒有提點，選手也會懂得自己設定相同目標。

當初一開始回顧檢討時，在自我評分的環節裡，我會先問「不到一百分」的缺點在哪。然而這會讓選手陷入負面思考，因此後來就改問「做到了什麼地方呢」，保持積極正向的會談模式。

不過，對於本來就樂觀開朗的選手而言，詢問好的地方經常產生不了效果。他們總會針對一項優點大書特書，完全忽視有待加強的部分，就這樣草草結束了會談。

因此，給自己高評分的選手，進步的速度也比較慢。因為對做不好的部分視而不見，所以也沒辦法融入課題之中。也有可能是害怕失去信心，所以刻意忽視缺陷，否則要是搞砸了，就會陷入無處可逃的窘境，所以才會感到害怕。

所以說，想要倉促改變樂觀型選手的走向，可是件危險的事。將缺陷大喇喇地放在他眼前，這份重擔有可能會壓垮對方。**因此碰到這樣的選手，必須不急不徐地發揮耐心，慢慢進行指導才行。**

促使對方正向積極的思考

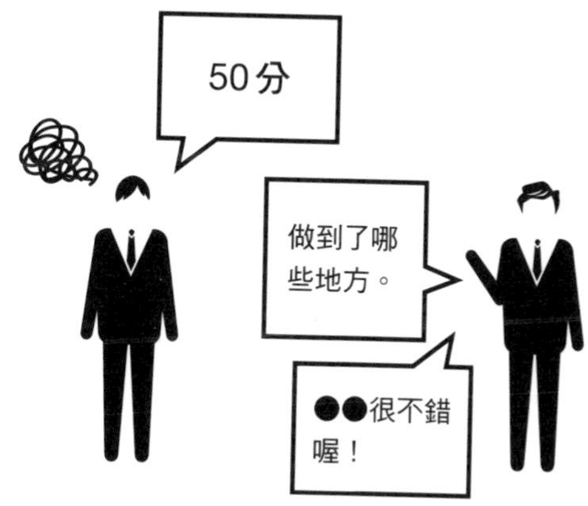

- 詢問做到哪些地方，讓對方產生正向思考
- 有優點就加以誇獎

比起急著改變走向，不如穩定而紮實地成長

在商務的世界裡講求速度感，會被要求得自己找尋課題，並即刻做出修正改變。這和先前提到應付樂觀選手的方法，或許完全背道而馳。

然而，我認為別那麼急著改變對方的走向，反而能更早產生變化。換句話說，若是太過要求在短期間內改善，那麼結果往往容易撞牆，無法達到想要的目標。**相對地，要是沒有匆忙地想改變方向，儘管起步時會慢一點，但卻能夠持續地走下去**。就算繞了遠路，最後還是會抵達終點。且若是在這模式下完成目標，學到什麼都能夠銘記在心，不用擔心會退回原地。

被別人說三道四，就立刻做出改變的人，想法和行動的起伏也都很劇烈。反過來說，不會那麼快就改變的人，想法和行動才會穩定成長。起伏劇烈的人，成長和退化都是大起大落，特別是在下墜時相當驚人。如果想要成為能穩定成長、發揮的人，別太著急反而才成長得快。

讓對方能夠自行說出正確答案

最後是「綜合以上，到下次比賽前想怎麼做」，若是詢問年輕選手這個問題，恐怕不會獲得正中紅心的答案。畢竟他們經驗不足，思考還不夠深入，所以也是沒辦法的事。

即使如此，讓他們嘗試去回答仍具有意義。即便他們不斷說出令人傻眼的答案，也該不斷反問他：「所以還有這招喔？」

重點在於這麼做，並不是要改變選手的作法，而是要讓選手切身體驗，藉以改變想法。

在回顧檢討時，不是只談論身體上的動作，也得關切選手心情上是否動搖。若是遇上危機時，都無法順利過關，經常是心理方面的問題。如果沒能察覺到這一點，那不管怎樣都無法改善。

我年輕時也曾是如此。在決定要用指叉球一決勝負時，卻投出偏高又沒力的球路，被轟成全壘打，結果都是敵勝我負。自己因為不瞭解深層原因，只會做出「好，那下次得更下定決心了」這種淺薄的檢討，最終當然什麼都沒能改變，不管遇到幾次相同狀況，還是都繼續栽跟斗。

但就在深入思考後，我才發現到一件事：因為我太在意一決勝負了，導致我在瞄準時，身體往前衝得太出去。結果就是手臂和身體分離，把球路丟在容易被打者狙擊的偏高位置。像這種狀況，若沒有好好進行檢討回顧就無法察覺。不只是別人說了什麼，也得認真去思考自己到底說了什麼。

瞭解對方的長處並加以強化

所謂的職業意識，就是活用自己的長處奮鬥，開闢出一條生存之道。因此指導上首先要做的，就是讓選手瞭解自我長處和特徵，並且將該本領發揮到極致。

曾有選手認為「快速球的控球很好」是自己的優點。確實，如果能把球路壓低，會是一個很有用的武器。身為一個職棒投手，這點不能算錯。

不過，那個投手的優點，真的是快速球嗎？速球控球好這點，足以讓他拿來作為看家本領嗎？相對地，是不是變化球的控球能力好，其實才是他的長處呢？儘管「外角低快速球」得到高評價，但全心磨練這項技能，是否可能讓該選手搞錯重點？教練的責任，就在於教導讓選手能夠判斷正確方向。

讓對方能夠自我思考，這點的重要性依舊。但最近，我也具體察覺到，教練為什麼必須主動提點。

那就是我發現日本火腿隊的選手，大都是還在第一階段的初學者。問題在於，如果全都放任他們自己去想，過程就會非常花時間。

若只是業餘棒球，那麼先耐著性子，等待球員成長未嘗不可。不過在職棒的世界裡，如果沒有快點繳出成績，就有可能遭到釋出，所以才需要動用教練身份，去主動提示、說服對方，讓選手能夠更接近正確解答。

找到對方的優點，打造成不輸他人的利器

能夠在職業圈活下來，就必須不斷成長茁壯。在這前提之下，就得自己清楚自己有什麼「必殺技」能用。某種說法認為，就算該技能在現階段，可能還派不太上用場，但

若是瞭解自己的長處，就會更有自信，激發自己向上爬。

在商務界的場合，很少會因為一時沒有成績就被炒魷魚。一般來講，新人剛進到公司時，基本上會無所不包，希望什麼都能夠面面俱到。直到經過基礎磨練，並隨著年資的增加後，漸漸浮現出自己的優點在哪，才開始專注打磨該項目，決定該怎麼延續職業之道。

雖然這也是一種選擇，但恕我無法認同。**在剛進公司時，就算什麼都還做不到，但能找到一個明顯異於常人的特點，以此為基點向前邁進，不也是一種方法嗎？**雖說不像職棒會被立刻釋出，但我想在商務業界，肯定也講求「專業水準」。因此在這點上的考量，應該和職棒選手同個道理。

職棒球員若想升上一軍，就不能沒有明顯強過他人的特點。即使什麼都達到合格標準，也無法固定待在一軍發揮，選手必須日夜打磨，將其中一項過人才處昇華，以及在其過程中累積經驗，提升其他項目的水準。我認為這才是職棒球員較容易成功的生存之道。

日本火腿隊的宮西尚生選手，當初二〇〇七年以選秀第三指名加盟球隊。他剛從大學畢業入隊時，身材非常纖細，投球動作很不穩，球種也只有快速球和滑球兩種。然而，光是靠他的速球和滑球，就有離琢後能發光發熱的潛力在。

但是，當時的宮西選手，卻表示他想學怎麼投伸卡球。我聽到之後，說服他比起學習伸卡球，不如將現有的兩種球路練到極致，這樣比較容易能升上一軍。於是他同意了，並開始著重這方面的練習。

結果，宮西選手成為了棒球界代表的後援投手。儘管現在他也會投伸卡球了，不過就算少了伸卡，他也是能靠速球和滑球就壓制對方的投手。

我認為像宮西這樣的球員，正是瞭解自己長處在哪的選手。**若是沒辦法相信自己唯一的優點，並加以善加活用，就不能鍛鍊出自我長處，從而帶起動力了。**

為了成長，自行設定課題

設定課題，是驅動自我成長的手段。無論是哪個年紀、哪個職業的人，都必須保有這種意識。

為了能將課題語言化，時時牢記在心中，寫出來也是很重要的。這是為了讓自己能夠設定課題並完成之用，無須給教練一一確認。

然而，很少有選手能夠做到這點。那些水準卡在一二軍的球員，十個人大概只有一、兩個有到這程度。沒能達到這層次的選手，就會從完全不合適的課題開始著手。看到這個樣子，就知道他們最終也只能憑天分，做到一定程度而已。

這樣的選手，即使什麼都不去思考，也能靠著天份做到一些事情，因此更不懂得動腦的必要性。所以在技術、心理層面碰壁時，就會不知道怎麼跨過眼前的高牆。教導這個道理，正是教練的責任。

年輕世代的教育裡頭，太過偏重「勝利優先主義」，和包含禮儀在內的「人格教育」這兩點，反而忽略要培養對人最重要的「自我決定能力」，導致大家沒辦法自我設定課題。這可是個大麻煩。

為了達成遠大的目標，首先得從小課題開始，並憑著自己的力量解決。接著進行回顧檢討，設定新的小課題。指導選手培養這個習慣，就是指導法的基本。就我看來，為了讓選手們得以養成，極端一點的作法，是連練習菜單都應該放手交給他們決定。

分清楚「目的」、「目標」、「課題」的不同

在這裡必須要瞭解「目的」、「目標」和「課題」之間的差異，並且確實掌握。即使這三者看起來相似，卻有著微妙差別。

「目的」指的是「想做什麼」、「必須做什麼」、「達成什麼樣的狀態」這些會在最終抵達、遠大而抽象的未來。

相對地，「目標」則是為了達成目的，所必須展現的成果與行動。

接著，為了實現目標，途中遭遇困難時的狀態和行動，則是「課題」。**若是搞混這三個認知，選手就會弄錯努力的方法，朝錯誤的方向前進。**

如果說「目的」是「想要賺大錢」，那麼賺大錢的手段「成為像葛瑞格・麥達克斯（Greg Maddux）那樣的強投」就是「目標」。而要成為麥達克斯，就得學會他那精準無比的控球能力，這就是「課題」了。

目標、目的、課題的差異

目的

想做什麼、必須做什麼

→ **抽象的願景、終點**

ex：想要變有錢人

目標

為了達成目的
必須展現的成果

ex：取得No.1的業績

課題

為了實現目標
遭遇困境時的狀態與行動

ex：和十個客戶會面

目的、目標和課題這幾點依序往下排，以一目了然的方式分別列舉，並盡量提出具體內容，就更能和行動互相配合。像如果是設定為「成為葛瑞格．麥達克斯」，那根本不知道具體該做什麼才好。如果沒辦法在自己心中分辨這三項東西，只會做出徒勞的努力，陷入不管怎麼做，都沒辦法拿出成果的狀態。

總而言之，若是不能設定出「目的、目標和課題」，就沒辦法展現出專業水準，這點我敢斷言。很多人應該都把三者互相搞混了，所以沒辦法創造理想成果。

如果無法明確設定這三項指標，就只能在缺乏思考下走一步算一步，成果也會乏善可陳，渾渾噩噩地走向職涯終點。在競爭激烈的職棒圈內，則會立刻被釋出。

持續完成課題，將目標明確化

更重要的，是能夠自行設定小課題，並持之以恆地完成。即使在最一開始時，會不太清楚目的和目標在哪，但只要持續完成微小的課題，反而會漸漸找到目標和目的，而且也可能將整體方向更具體化。

相對地，如果不斷完成課題了，卻還是沒有什麼具體感受，找不到目標或目的，那有可能是小課題的設定方式出了差錯。

這部分的作業，有的選手不教就不懂，也有的選手沒教就已經會了。那些不教就會的選手，成長速度都非常快，成長曲線幾乎是個大角度的弧度。不過就算沒有這方面的天分，也不會因此無法成長。

常有人說「堅持朝目標邁進」，但我覺得這話沒有什麼道理。改變目標本身又沒有什麼不好，何況考量自己的現況與成長度，卻又不能改變目標，這才比較奇怪吧。

明明等級提升了，卻不改變目標的選手，不也算是一種懈怠嗎？

反而，設定好最終目的，且在一定程度上修正目標，這才是身而為人成長的必經之路吧。

創造自己也能解決問題的思考模式

如果只看表面，絕對無法看出選手是否養成能自主設定、解決課題的能力。即使看起來像是有在動腦了，但只是做做表面功夫，沒有養成正確思考模式的選手大有人在。

而判斷的依據，就得從日常對話中著手了。即使是教練，也必須要和選手一起認真進行回顧檢討，才能確實瞭解。某選手藉著回顧檢討，終於在某個球季解決了某項課題，正當這麼覺得時，該球員卻又在下個球季故態復萌，這狀況非常常見。或許該說是藉由反覆進行，才能夠讓選手牢記在心，逐漸習慣這個思考模式吧。

再一次回想指導日本火腿隊的A選手時，剛開始完全感受不到他對投球有什麼想法。例如想要三振對手，決定投出指叉球，卻反而被痛擊的時候，我曾去向A選手詢問狀況。

「為什麼要投指叉球呢？」

對此，A選手用一種有點怯生生的樣子說道：

「因為之前對戰時，成功讓他揮棒落空，想說指叉球應該沒問題吧，所以就投了。」

然而在稍微深入點檢討後，A選手的表情也開始有所變化。

「其實本來有想說要不要投曲球。不過，捕手給出指叉球的暗號，所以就投了指叉球。」

儘管自己知道該怎麼做才對，卻因為經驗不足，看到捕手的暗號就只管點頭。A選手就是因為有這樣的想法，所以判斷不應該搖頭，丟出不符合自我意願的指叉球。

再經過一段時間後，他又這麼說了：

「那個時候，雖然捕手比出指叉球的暗號，但那個場面應該要投速球才對，所以一開始就該搖頭了。」

像這樣，記下每段時間不同的對話內容，並加以回顧後，就能釐清同一個人說了什麼，產生了什麼樣的變化。

鍛鍊語言能力，強化自我改善的能力

A選手後來產生了巨大的變化，不只球種，連動作修正上都有自己的想法。第一次狀況不好時，他只說了這句話：

「今天狀況不好。」

就這樣而已。然而，在持續回顧檢討，知道什麼地方不好的時候，他漸漸地能夠掌握到重點了。

「今天沒辦法好好使用下盤。」

接著，連要怎麼改正都會自己講了。

「我在這場比賽發現，如果這麼做的話，就能夠順利使用下盤，因此在局與局之間試著修正了一下，果然球路品質就有改善了。」

對本來只會講「今天狀況不好」的選手而言，這樣的改變簡直是超乎想像。持續詢問和檢討回顧，就會在不知不覺間誕生嶄新的思考方式。

這裡對於過程只是大略帶過而已，因此看起來簡直是戲劇般的變化。但我自己在實際接觸的過程中，其實對A選手的變化沒有感到那麼劇烈。

從這個例子就能瞭解，每次改變一點點，隨著時間的累積，最終會凝聚成巨大的變化。若是沒有詳實紀錄，恐怕就不會察覺到這一點，大概只會覺得好像有什麼不一樣了。

讓對方意識到什麼是自己能夠控制的部分

A選手在面對比賽時的態度，也出現明顯的改變。

「被首棒打者敲安打可就麻煩了。因此必須做點什麼才行。」

「在我方取得分數的下個半局，一定要阻止對方得分。」

但是，不管多厲害的投手，終究還是會被敲安打。這是投手和打者之間必然的關係，無法全靠A選手掌握。而既然自己沒辦法掌握，強求其實沒有意義。

不過到了後來，他開始找到了不同的著眼點。

「雖然說被首棒打者上壘了，但立刻轉換心情繼續投下去。」

不是去想那些不能控制的地方，而是從「自己的心情」這種可以控制的項目著手。不是去想發生了什麼事情，而是去想事情已經發生了，那又該如何面對。

儘管是本人自己變得能夠察覺到這些東西，但教練靠著詢問引導，讓對方得以察覺，也扮演了重要角色。戲劇般的變化，正是由兩者順利結合而來。

創造自己也能解決問題的思考模式

- 不斷檢討回顧，直到對方提高言語化的能力
- 注重在自己能控制的環節

到下個階段，也該考慮和本人回顧這些變化。雖然這得和專家一邊商討一邊進行，但就我而言，實在很想對他直接說出來。要是注意到自己有什麼地方成長，就會有更想要進步的企圖心，變得瞭解該如何思考了。

提出假設性議題，藉由討論鍛鍊思考能力

「第一球先搶好球。」

很多教練都會這麼教。在一般狀況下，投手先搶下好球數，就能在投打對決中掌握主導權，接下來能運用的空間就比較大，因此都推崇要先投好球。然而，這真的是正確的嗎？或者就算是正確的，又該用什麼方法搶下第一顆好球呢？

「展現出投球的霸氣。」

這也是教練常掛在嘴邊的話。但是「霸氣的投球」到底又是什麼？

根據選手的不同，沒有一致的標準答案。**重點在於，讓選手會去思考這種似懂非懂的題目，並且明確轉化為語言，讓大家一起討論，成為刺激更多想法的手段。**選手們只

要講得出答案就好，對不對都是其次。只要在討論過程中，察覺到一些新的重點，那就是成功了。儘管未必能夠幫助職棒球員立刻拿出表現，但能夠讓他們習於思考。

這樣的練習，當初就曾讓軟銀四位選手組成的「B小組」去進行。實際在練球時間內抽空討論時，並不會花上太多時間，頂多五到十分鐘左右而已。大概會在中外野挑個沒什麼球飛過來的地方，取一個「office」的名字，大家圍成一圈相互討論。由於大家都很積極地參與，因而產生了許多有趣的意見。

從具體到抽象，根據不同的情境設定主題

設定討論什麼主題很重要。必須要能挑起球員們的興致，且若是太簡單或太困難，成效也不會好到哪去。我總是一邊觀察著比賽，一邊思考著要出什麼題目。

棒球這個運動常常是靜止的，或是因為一球而徹底改變局面，一切定格在那個畫面。因此，這個運動從不缺乏能作為主題的素材。儘管如此，還是盡量以和前一天比賽相關的東西為主，大家會比較能夠理解。

有時會討論「心技體*哪個才是最重要的？」這般抽象的題目，有時也會討論「在遇到危機時，球隊派出王牌救援上場，並在兩好三壞時，投出好球帶外的變化球，引誘到打者揮空三振。如果投手是你們的話，這會是哪一種變化球？」這般具體的內容。不同的題目互相交織，考驗著教練的出題能力。

重點在於，不管聽到什麼回答，都不要加以否定。讓他們自由去想，自由用語言發揮。如此一來，思考能力就會有飛越性的成長。

---

* 譯註：指心態、技術、體能。

專欄：影響我的指導者③

堅持在關鍵場面賦予重任～野村克也教練

一九九五年春天，在春訓結束到球季開始這段期間，我被近鐵猛牛隊交易到養樂多燕子隊。當時的養樂多隊總教練是野村克也先生。野村先生常給人「麻煩的老頭子」印象，一失敗就碎碎唸個不停，讓人聽了就煩。

但是，就在我失敗後，下一次又遇上相同的狀況時，野村教練還是決定派我上場。一般來講，先發要是第一局就掉了四分，那麼若非馬上被換下場，就是打序輪到投手時被換代打。但野村教練會選擇讓人繼續投下去，甚至一路投到完都有。

一開始，我不懂野村教練這調度的用意何在。然而同樣的狀況一再發生後，我瞭解這是他對我的信任。**選手在感覺被教練信任的時候，內心的動力也會水漲船高。**野村教練從不親口說出「我是因為信任你才用你」，但光是靠著他的調度，就能瞭解他的意思。

有的人像仰木教練一樣，懂得善用言詞來操弄人心。不過對球員而言，還是會從教練的調度方式，判斷自己對球隊來講，到底是不是必要的戰力。

在職棒世界裡，選手要上場才有價值。就算覺得自己應該是屬於哪種型態的投手，但總教練如果有不同想法，也會為了爭取上場機會，以教練的調度為優先。在此前提下，選手們本來就會心想「自己在這個場面下登場，是最能發揮本領的時候」，而想法若是和教練不謀而合，選手就會心花怒放。

以我來講，先發並且完投整場，是最能發揮我本領的時候。然而在一般狀況下，碰到比賽尾聲只領先一分，對方攻佔滿壘的局面，一般的教練都會選擇換投手，但野村教練卻會讓我繼續投下去。

如果是年輕菜鳥，遇上緊張局面時，會覺得該輪到經驗豐富的前輩上場了吧。但就在內心幾乎不抱期待時，野村教練會告訴他「喂，該你上囉」，菜鳥就會被這氣魄感染，喊著「讚啦！」顯得更有幹勁。然而，也有性格比較謹慎的教練，覺得年輕投手可能會被震撼教育，因此不願冒風險。我自己的話，則只會在選手狀況好時這樣調度，想說即使失敗了，那些痛苦也能成為養分。野村教練在這點的判斷上非常高明。

事先準備數據，是為了突破困境

重視數據的「ＩＤ野球」可說是野村教練的代名詞。然而一般大眾的認知，跟野村教練真正的意圖稍微有些不同。他在賽前、賽後的會議時，總是會說這些話：

「並不是要你們全都照著數據投球，而是準備好材料，讓你們遭遇到危機，腦中一片混亂的時候，知道說『我瞭解該怎麼應付這個局面，所以沒問題的』。」

無論是什麼樣的職棒選手，都不可能百分之百照著數據投球。先使用自己擅長、有球威的球路壓制對方，本人的狀況也會隨之提升。不過，是投手難免會遭遇亂流，若是在投手丘上不知道該怎麼度過危機，怎麼投怎麼被打，內心也會充滿負面情緒，讓人更加心神不寧。

在這時候，如果能靠著數據，瞭解打者的弱點在哪，就會知道專心進攻打者的弱點球種及位置就好。因此數據可不能隨便做做就好，而是要詳細整理、分析箇中道理，並且牢牢記在腦海之中。

這一點，就有捕手或投捕教練沒搞清楚。

過去的「職棒黃金年代」，曾是投手獨霸一方，當著「山大王」的時代。特色鮮明而豪快的投手們，一個個靠著力量壓制，讓打者們各個暈頭轉向。然而，最近卻是捕手稱王的時代。越來越多那種說著只要照著我比的暗號去投，就沒問題的捕手。

即使這麼講，投手也不可能球球都能按照捕手要的投。關於這一點，野村教練一直都這麼認為：

「根據每個半局或分數的狀況，有時的確會要求投手必須配合球隊的戰術投球。但最優先的，應該要讓投手去投他想丟的球路。」

野村教練獨步創造的「ＩＤ野球」，卻被世間給誤解了。現今風潮是捕手依照數據，要求投手照著他的指示去投，我認為這點必須改變。

舉例而言，碰到極為擅長攻擊速球的打者，捕手通常會打出「第一球投壞球變化球」的暗號，而投手也遵照指示投出壞球。此時球數為零好一壞，打者依舊在鎖定速球。接下來，捕手會打出暗號，要求下一顆投在好球帶邊緣的變化球。投手於是瞄準邊邊角角去投，但卻被判成了壞球。

零好兩壞，若是下一球還是壞球，投手就等於被逼到死角了，因此只能選擇往好球帶塞。比起變化球，快速球更能搶到好球數。為了保險起見，捕手打出投在好球帶邊緣的暗號，但卻沒辦法順利投出，球路跑到正中央而被迎頭痛擊。

雖然「ＩＤ野球」是為了能夠壓制打者，卻反而給投手帶來困擾。因為實在看過太多類似的例子了，因此我認為大家有必要正確瞭解，野村教練的「ＩＤ野球」實質內涵究竟是什麼。

關於配球，野村教練總認為包含三個環節：「投手優先」、「數據優先」、「局面優先」。

現今大家卻忽視了放在第一項的「投手優先」。若是無論如何，都非得按照數據去投球的時候，野村教練就會明講「一切的責任都在我身上」。

野村教練一般給人的印象，是由上而下的高壓型領袖，但其實他是重視放手讓下面發揮的教練。

「反正最後有我來扛，你們就愛怎麼辦就怎麼辦。」

這個「愛怎麼辦就怎麼辦」是野村教練常掛在嘴邊的話。在野村教練身旁奮戰的選手們，幾乎都會欽佩他這個人。之所以會如此，正是因為他願意讓選手們放手去做的關係。

第四章

創造最佳成果的九大教練守則

守則① 維持能發揮極致能力的狀態

在這個章節，我會講解為了讓團隊繳出最佳成果，除了「指導法」以外，還有什麼是教練必須做到，或者應該要留意的九項守則。

第一個重點，在於留意團隊成員的狀態。

選手的水準達到某個程度時，就會再度感受到，如果要讓他整年都能穩定發揮，個人狀態就非常關鍵。

雖說是理所當然，但要是狀態不佳，就無法拿得出最好的表現。以提升投球水準而言，管理狀態的教練可說佔了七成，而投手教練只佔三成左右。身為專業人員，時刻注意選手的狀態，乃是基本中的基本。

所謂狀態，首先就是身體的部分。一個人若是沒有保持健康，很多事情就做不好。而肉體的狀態，又和精神層面大幅掛勾。若是情緒低落的話，表現水準也會下滑。**在我的經驗來看，身體狀態基本可以從訓練、飲食和休養三方面著手**。不只是職棒球員，會在意自身狀態的人，也會注重訓練和飲食。然而，卻有許多選手忽視了休養，這或許是因為，日本人本身就不懂得要怎麼休養。

特別是技術還不成熟的選手，為了平撫內心的不安，總是犧牲休息時間埋頭苦練。我常告訴選手：重視休養，騰出時間整理學到的東西，反而比較好。休養主要包含睡眠和練習時間。睡眠方面無須多言，而練習則是指在練習時間裡，一定程度地空出「停止練習」的時間。

有在重訓的人，應該都曉得肌肉「超回復」的概念。因為重訓而受損的肌肉，經過一定時間後會恢復，且變得比原本更強壯，這時接著追加負荷，就能再次提升肌力。而在超回復的期間，就必須要讓肌肉休息。若是勉強訓練，往往容易受傷。

技術層面上也是如此。在反覆練習後，需要空出時間給大腦整理，好讓身體能夠深層記憶。

鍛鍊技巧時，身體必須怎麼活動，這點由肌肉傳達訊息給大腦，讓腦中理解動作內容，接著再回饋給肌肉。如此一來，就能正確地進行活動，有鑑於此，反覆練習途中，先休息一下也很重要。

若是練得過頭了，就會失去腦中整理的時間，使得大腦和身體的感受分離，無法統合在一起。

舉個例子，在撰寫簡單的漢字時，不就有時突然會覺得「咦？這個字真的是長這樣嗎？」的疑問嗎？這現象就叫做「語義飽和」，而同個狀況也會發生在身體的活動上。單純反覆練習太過火，反而會做不到原先應該能做到的事，因此不得不留意。

為了防止這狀況發生，練習進行到某種程度時，就必須適度地休養。**人類瞭悟動作**

的時機，往往是在休息的時候，也就是當腦袋放空時，反而能整理身體的動作。請相信這真的有效。

適當睡眠，保持健全的生活

回復、休整這些詞，近來常特別專指睡眠這方面。除了跟流行之外，更應該知道本質上的原因。

在炎熱的夏天，身體內部和皮膚表面的溫度會產生一定落差，造成人類產生睏意。然而，運動員通常肌肉比較發達，身體內部的溫度也相對較高，往往容易失眠。

曾有研究者想出對策，辦法是先泡在微溫的水裡二十分鐘，讓表面溫度升高後，就比較容易睡得著。也聽說過睡前好好補充水分、泡澡，到陰暗的房間裡就寢，就能一邊降溫，一邊漸漸入睡。

不管這些方法實際效果如何，不過放鬆了再睡，絕對能夠幫助整理自我狀態。在商務世界裡，之所以會不斷爭論睡眠品質的問題，主因就在多數人都睡眠不足。

無論是運動員還是上班族，都必須倚賴休養回神，這是身為一個人不可或缺的一環。穩定狀態是一切的基礎，無論如何身懷絕技，只要狀況一差就無從發揮。

喝酒當然也沒有問題，但忌諱喝到爛醉。儘管一時能夠排解壓力，可終究效果有限。

以前的職棒選手，有時會熬夜喝到隔天，在爛醉如泥、帶著渾身酒氣的狀態下前往球場比賽。

這些故事往往被當成豪傑傳奇來講。然而，這麼說可能會觸怒大前輩，不過這之所以能成立，是因為包括我在內，以前職棒選手的水準實在太低了。當然，實力頂尖的超級巨星另當別論，但其他選手水準都很低。超級巨星之所以能帶著宿醉上場，就是因為這樣搞，照樣能拿下勝利。

時代在變化。現在所有球員的水準，都比以前提升了好幾個檔次，特別突出的超級巨星已不復存在。若是沒有調整為最佳狀態，就無法立足生存。仔細想想，那些創下酒豪故事的主角，都是最有名的那些超級巨星。

而水準上升的主因，其中就在於情報變得更好取得，且在練習方法和狀態調整上的知識都更加完備。技術上不用說，選手的體格也明顯更上層樓。加上打棒球的人口變少，很多人從小時候，就開始進行專業化訓練。在這些原因下，如果沒辦法發揮，拿出超越平均水準的表現，就沒辦法在職棒界長久存活。

從結論來看，和過去相比，現在已經沒辦法放任狀態好壞不管了。若是沒有重視狀態調整，選手必將面臨淘汰。**教練的工作，就是在選手心中，根植容易遺忘的狀態調整概念。**

控管情緒，喜怒不形於色

我還是現役球員時，每當有教練雙手交叉在胸前跟我講事情，我就一句話也聽不進去。說難聽點，這動作會讓我懷疑「這傢伙，有認真想好好跟我談嗎」。

在這種心情下，對話當然不可能順利。甚至措辭稍微不對頭，就有可能擦槍走火。教練在跟選手講話時，切忌雙手交叉在胸前。

若將教練與選手間的勢力用圖像表達，我認為教練應該處在「選手之下」的位置。但是，在一般的認知裡，卻是教練的社會階層在上，選手在下。若擺出那種高高在上的態度，更會拉開彼此的差距。如此一來，選手們就越發不敢靠近教練。為了不陷入這種困境，教練內心一定要牢牢記著，平常絕對不能擺出高壓的態度。

不只是雙手交叉。有的教練在比賽中，會在選手面前展現威壓的表情，或在球員失敗時，表現出失望和生氣的樣子。

身為教練，絕對不能把負面情緒寫在臉上。那些小地方，選手們可都是會注意到的。

然後，教練必須要能理解，這會帶給球員額外的壓力。

站在指導立場的人，必須要能駕馭自己的感情，盡可能不動聲色。相對地，做不到這點的教練，沒有資格成為指導者。

在與選手說話的口氣也一樣，無論如何都要避免強勢的口吻。儘管球員們知道，教練是真心想要幫助自己成長，但如果表達方式不能被接受，那麼就不會想要去好好理解教練的話語。

不是說什麼都是教練的錯，有時問題也會出在負責聽的選手身上。然而時代在變，主體不是教練，而是選手。必須保持著這樣的意識，才能建立良好的溝通。

保持受到周圍注視的自覺

職棒選手，特別是才剛進職棒的年輕選手，往往沒有受到周圍矚目的意識。必須要儘早產生自覺，知道自己的一舉一動可都被人看著。

這點也關乎到是否具備「職業意識」。

從高中、大學畢業的選手，必須讓他們學習到立足社會的常識，舉手投足都有專業人士的儀態。雖然我在球員時期並未做到這點，比較難以啟齒，但為了選手好，我總是這樣告訴他們：

「穿球衣比賽的時候，是可以盡情展現自我。不過脫下球衣，遊手好閒時，記得要保持英國紳士般的風範。」

「欸？英國紳士？」

這點是模仿讀賣巨人的規訓。巨人選手常被說是「脫下球衣也需常保紳士」。然後用詞上刻意選擇特別的「英國紳士」，就能挑起選手們的興致。

在成為焦點之下，自己做什麼就不容易馬虎，能夠專心致志。選手在訓練時，常常會對自己比較寬容一些，但如果是具有職業意識的人，就能夠全力挑戰自我。

持續微小的習慣

我在球員時期，缺乏持續努力的能力，經常感到膩了就換別的事情來做，看到什麼新奇事物就飛奔而去。然而那些優秀的球員，都能專注於必須完成的工作。這顯然是因為他們瞭解，自己一直處於被注目著的狀況，因此才會想著要怎麼做才能讓自己變強。

例如雖然喜歡看書，但不是太有趣的書籍，往往看到一半就厭煩了，於是房間內到處堆滿只讀一點的書籍。這時，應該要先從把一本書好好讀完做起。**如果養成能讀到最後的習慣，就能夠變得有毅力堅持下去**。不管是什麼樣的事情都好，起了頭就要走到最後，藉此養成集中力。

持續力也能藉由找出小課題並且完成的循環加以培養。如果能持續堅持，或許未來在某一天，也能變得像是要練一千下腹肌也沒有問題那樣。如此一來，即使只有自己一個人，也會把事情做到最好。

瞭解團隊、組織是「個人的集合體」

上班族若是也追求職業意識，就必須在進行任何事情時，保持著有誰正注視著的自覺。如果出了差錯，那麼就會牽連到公司。自己的疏忽、妥協，會被放大成全體員工的疏忽和妥協。在這觀點下，就得意識到自己的行為代表了整個公司。

不過，雖說職業意識是建立在組織和團隊之下，但說穿了還是個人行為。既是個人行為，那麼就得先擦亮自己的招牌。**所謂團隊和組織，就是無數個人的招牌齊聚一堂。或許不用想成是為了公司與團隊努力，而是想成只要自己做到好，就能順便擦亮組織和團隊的招牌即可。**我認為，若是太強調為了組織而戰，反而沒有辦法好好發揮。

「為了團隊。」

這話聽到都耳朵長繭了。然而在這句話中，卻包含著犧牲的精神，且這個犧牲的精神，是指個人為了團隊去犧牲。但我不這麼想，我認為不是為了團隊，而是每個人在屬於自己的樂章下，知道應該如何進行取捨。並不是因為必須自我犧牲而犧牲，而是基於個人意願下這麼做，這點可不能搞混了。

國外的團隊運動選手，很注重「Chemistry」這件事，翻譯過來意思就是「化學效應」。所謂化學效應，就是個人與個人相互交流下，產生了某種新的東西。再怎麼說，個人都是一切的基礎，大家互相交流長處改變團隊，這就是導向勝利的方法。

然而，日本的主流想法卻不是如此。日本觀念認為，必須先把團隊組織擺在優先，把每個人都染成一樣的顏色，才稱得上是一個群體。如此一來，所屬在同樣組織與隊伍的人，大家都是清一色。而相同的人不管聚集再多，也不會產生化學效應。

想要創造專業水準，就必須保有個人特長。**讓形形色色的個人組合在一起，產生化學反應，是教練的工作。換句話說，教練必須能讓每個人往不同方向發展，讓每個人帶著不同的色彩，而忍住不出手制止。**若是讓所有選手都染成了團隊的顏色，甚至是自己的顏色，就會嚴重妨礙化學效應產生。

因此要考量的，是如何幫助個人進行思考與行動，調出屬於自己的色彩，並且靠著這個特色發光發熱。無法做到這點的教練，應當有自己不適任教練的自覺。必須加以鑽研，努力讓美麗的花朵盛開。

團隊、組織是集合個人優點的群體

讓個人發揮長處聚在一起，組織就會變強

仰木教練就是個精於此道的高手，像是鈴木一朗和同期出名的「波浪燙佐藤*」，都是綻放獨特色彩的選手。

不過，也不是說染上什麼樣的顏色都好。**若沒有維持在一定規範下，就無法成為能促進化學效應的顏色**。如何拿捏範圍，則是教練非常重要的工作之一。

* 譯註：本名「佐藤和弘」，因留有日本黑道喜愛的波浪型燙髮得名。

守則④ 情緒低落時，必須立刻轉換心情

在勝負的世界裡，難免會遭遇失敗，理所當然會感到悔恨。在日本人的觀念裡，認為忍耐並壓抑住悔恨情緒，是一種美德。

我無法贊同這個想法。出現悔恨的情緒，就應該當場好好發洩，神清氣爽後，繼續朝著下個目標前進才對。

特別以投手來講，被痛打一頓後遭到撤換，心情肯定相當難受，無可避免的會灰心喪志。然而，若是情緒一直低落，那麼無論過了多久，都無法轉換心情。**我以球員、教**

練的身分在職棒圈內奮鬥多年，沒看過任何長期情緒低落的選手，知道該如何重整情緒。可說對於選手而言，轉換心情是最重要的一件事。

雖然不值得誇耀，不過我在被打爆下場時，會在裡頭的休息室大吵大鬧，藉此轉換心情。雖說大吵大鬧不能完全消除心中的悔恨，但卻能建立重整情緒的基礎，讓自己在下次登場前，更容易調整心態。無論是脫離低落情緒，還是精神衛生方面，我認為這顯然是比較健全的作法。

當然，鬧脾氣超過限度也不太好。以前軟銀有個投手被打爆後，一回到休息室，就掄起拳頭揍向板凳，結果讓投手拿來吃飯的雙手骨折了。以職業意識而言，這可是要不得的。

一九九九年，紐約大都會的隊友奧勒爾・赫西瑟（Orel Hershise），曾經對被打爆下場而憤慨不已的我說：

「阿吉，因為不甘心，大鬧一番雖然無妨，不過千萬別去搥牆壁喔。要是受傷的話，就無法投球了。不如就放聲大叫，不管叫得多用力，最多也是喉嚨痛個三天罷了，你就這麼辦吧。」

雖然我沒到會用拳頭揍牆壁的程度，但也會去踢板凳，或是把休息室裡頭的牆上踢出一個洞，因此採納了他的建議。當然，牆壁的修理費就得個人造業個人擔了。

讓人找到適合自己排解壓力的辦法

隨著年紀增長，我找到了其他轉換心情的方式，就是重量訓練。那時的我，在上場隔天一定會去重訓。開始重訓的契機，是為了調整自身狀況，但漸漸地也變得能夠「掃去內心陰霾」。

在舉起沉重的槓鈴時，自己會無意識地叫出來。我發現，若是刻意地一邊放聲大叫，一邊舉槓鈴的話，就會感到神清氣爽。前一天表現得不錯的時候，一邊大吼一邊重訓，則能讓心情更為快活。即使前一天被打爆下場，靠著隔天的重訓排解，也能讓心情徹底放鬆。

除了職棒選手之外，這也是所有人都能嘗試的壓力排解法。一般上班族即使受氣，也不能夠大吵大鬧，更不能去亂踢公司的東西。**若是無法排解，使壓力不斷累積，就無法轉換心情迎接下個工作**。我去健身房的時候，也有看過一邊大喊一邊舉槓鈴的人。或許他也是為了轉換心情，刻意喊出聲音吧。

也有人靠跑步來散發壓力。不過，要靠跑步來完全解壓，需要花費不少時間，結果容易半途而廢。若壓力才釋放一半就嘎然而止，更容易產生反彈，無法達到轉換心情的臨界點。在這點上，重訓因為可以挑戰自己的極限，才會說是比較理想的作法。

全力採飛輪衝刺或許也不錯。讓自己的脈搏達到極限，忘情地踩著踏板，能夠釋放情緒。在日常生活中，很難有讓自己脈搏超過一百八十的時候。挑戰肉體極限，就能在精神上有效排解。對於想排解壓力的人，飛輪是非常推薦的器材。

一般而言，邊跑步邊說話的有氧運動，被認為是最能排解壓力的作法。不過，我認為這個方法，主要靠著有氧運動來排除體內廢物，對於恢復疲勞的效果比較顯著。儘管是我個人意見，但要釋放精神上的壓力，我認為重訓跟踩飛輪衝刺更有效。

在轉換情緒之前，先脫離團隊也沒關係

美國大聯盟的投手，不少人都是靠大吵大鬧來切換情緒。旁人也都瞭解，選手們就是因為態度認真，才會心有不甘，因此為了排解而大吵大鬧，所以能夠體諒這樣的行為。

不過，日本職棒卻和大聯盟的觀念不同。無論選手因為什麼理由而吵鬧，都會造成休息室的氣氛惡化。在某些狀況下，教練還會認為選手是在不滿自己的調度，把氣氛弄得更糟糕。

將自己的錯誤歸咎於他人，或因為教練的調度而暴怒的選手也不是沒有。不過，大部分的狀況下，都是在對自己的無能感到惱火。**我認為，將所有負面情緒，統一藉著大吵大鬧來轉換，讓一切平息下來，而不是磨磨蹭蹭地越想越煩，自己在那邊生悶氣，連帶讓低迷的情緒感染周圍，反而比較健康。**

在這層意義上，我總是告訴選手們「即使被打爆下場了，回休息室就盡情發飆吧」。如果做不到，就先暫時別在休息室，先到裡頭去大鬧排解一下，冷靜後來再回來就好了。

不過，這或許是投手才有的想法。站在野手的立場，會覺得：「你被打爆的比賽，野手可是得拼命努力去追分，結果你這個被痛打的始作俑者，怎麼可以不留下來幫大家加油打氣。」

雖然我能瞭解這樣的思路，可是說努力大家都有份，這豈不是在選手沒辦法調整心態，好不容易想彌補時，又在他頭上潑冷水嗎？

無論什麼情況，日本人都最重視團隊行動。但讓情緒低落的選手留在休息室，這種團隊行動一點用也沒有。真的要重視團隊，就該讓球員在轉換心情前先別急著回來，等到神清氣爽了，再去面對下次的比賽。這才是更重要、對團隊勝利更有貢獻的作法。

強制讓人集體行動，讓負面情緒感染大家，這才不叫團隊行動。

完成小課題，強化心理

觀察近來的選手，他們在面對壓力時，作法也有些變化。現今球員們，會在失敗悔恨時流下眼淚。我因為不曾哭過，所以不曉得他們為什麼會哭。高校球兒也就算了，姑且也算是日本棒球界最頂層的職棒現場，選手還在休息室裡哭哭啼啼的樣子可不好看。

成為教練後，我看過無數次選手哭泣的畫面。有人接到降二軍的公告，我便前去安慰對方，結果他就哭了出來。

「搞什麼啊?怎麼擺出一副『為什麼我非得下二軍不可』的頑強態度?我才想問之前的你，為什麼都沒拿出這份魄力咧……」

這是我內心真正的想法。在安排選手的層面上，這種人都不是性格鮮明的人，帶起來沒啥阻礙。然而，這樣的選手降到二軍後，往往就無法重返顛峰。反而是接到二軍通告，像我一樣會在教練室裡大吵大鬧的選手，很快就能回到一軍。

即使如此，在現代的職棒球界，溫吞而內心糾結的選手仍然偏多。

對教練而言，只能細心解開選手的心結，進行讓對方重生的指導法。方法則是改變選手在失敗時，動力容易跌落谷底的體質，讓他變得不容易灰心喪志。為此，就得設定一些小課題，讓對方完成而不斷循環，等到哪天他能夠自食其力，靠自己去完成這條路。

守則⑤ 思考如何將上層的意見精準傳達至現場

我採取的指導法，會將主體擺在選手，而非教練。

在這個立場下，若是遇到因為總教練的調度，而讓選手產生混亂的狀況時，就得為了保護選手，必須向總教練勸諫。

但簡單的講，這就和部下反抗上司沒什麼兩樣。因為我措辭比較激烈，曾經一度因此不得不暫時離隊，從一軍被降到二軍。即使如此，為了選手著想，仍不能保持沉默。

教練若是對總教練的調度唯命是從，完全不做出質疑的話，會嚴重影響選手的動力。在碰到可能會產生不良影響的命令時，必須明確傳達疑慮。在調度可能會對選手產生負面效益時，必須諫言合適的作法。這就是身為教練「中間管理職」的重要任務，也是中間人必須顧及的義務。

替整體決策負責的是總教練。一切的指揮由總教練進行，這是理所當然的。

然而，教練如果只會順著總教練的意思去做，就無法和球員們順利相處。總教練無暇顧及隊上的各個細節，難以徹底瞭解選手們的內心想法。所以，與選手比較親近，掌握狀況的部門教練，若不提出合適的建言，那麼總教練和選手間的鴻溝，就沒有能夠填平的一天。

在這層意義上，教練得考量如何用最好的方式，將上層與現場的意見相互聯繫諫言，必須有著這樣的覺悟。

進行明確、安心的指示，別將責任拋給現場

就我而言，碰到不講不行的事情，一定至少會爭取三次。如果講了三次還不被接受，那就代表整體方針動不得。既然不會改，就得想辦法提高選手的動力配合，或盡可能安排成讓選手容易執行的模式。總之，要找出最合適的辦法傳達給選手。

有時，則是總教練拿不定作戰方針，所以徵詢球員的意見。

一出局，跑者進佔二壘，輪到強打者上場。因為一壘還空著，是要保送對方，對決下一名打者拼雙殺呢？還是直接進行對決呢？這時，總教練打出了讓投手自行決定的指示。

教練若是聽到這種曖昧的決策時，就應該賭上選手的尊嚴，表示該讓選手正面對決。**不管是對決也好、敬遠也好，這種作戰不能交給選手自己決定。因為下這種決定，選手自己就得背負責任。因此這時候更要明確指示，讓身處現場的選手能夠安心執行。**

在這場合下，教練必須決定作戰方式，並以總教練和選手都能同意的說法傳達。

「總教練說要保送他，鎖定下一名打者對決吧。」

即使選手想一決勝負，但也不能違背總教練的命令，不甘願也得講到他同意。回到休息室則跟總教練這樣報告：

「投手說要跟下個打者拼，所以決定保送。」

如此一來，選手們就能全心去投球，作出指示的總教練，也會願意接受最終的結果。

相反地，我聽說在一般企業裡，有人會把上司說了什麼，一字不漏地照原樣傳達給下屬。**然而在現場打拼的下屬，以及站在經營者立場，掌控全局的上司，想法一定有所隔閡，下屬若是無法理解，就會產生不滿。**如何翻譯、除去這種代溝，就是教練的重要任務。在需要翻譯的時候，卻只照本宣科，這樣就失去了教練的存在意義，必須徹頭徹尾做到「意譯」才行。

守則⑥

將現場成員的情報確實傳達上層

總教練所想像的選手特色，經常和實際有所出入。能夠掌握到細節的部門教練，跟必須顧及全局的總教練意見不合也是在所難免。在這種狀況下，就算是非常負面的情報，都得好好掌握，一一傳達給總教練。

假使總教練希望讓某位投手擔任先發，但如果當先發的話，就會失去該投手的特色。碰到這種狀況，我會用強硬的口吻建議：

「總仔，萬萬不可。那傢伙不是先發的料，絕對會被打爆。」

以前我只靠著自己的直覺和經驗，來否定教練的意見，結果因此被降職甚至直接開除。我不是什麼善於溝通的人，想到什麼就會當場直言，也曾經在選手面前和教練大吵特吵過。然而，我也深切反省這點。總教練和部門教練的衝突，可不能大喇喇地在選手前上演。否則任誰看了，都會產生上司和部下矛盾衝突的深刻印象。

因此，我改成蒐集客觀的數據，冷靜進行提案的作法。藉由數據提出理論上的原因，來建議為什麼該以後援方式啟用選手。

不過，我最近想法上也變得比較和善。自己的想法和總教練有所出入，就算無法同意，也會認為總教練的想法「有其道理」。這絕不是乖乖接受，而是想著：如果不是照著自己的意見，而是總教練的方法去做，究竟會變得怎麼樣呢，進而產生了興致。即使內心並不贊同，但會變得有些期待，想知道真的做下去會有什麼樣的結果，從而減少了許多爭執。

別提出會讓成員困擾的指示

要注意的是，可不能因為教練個人興趣或在意什麼，害得選手一併被捲入。或許讓選手去嘗試，可能會有新的發現，讓潛藏的才能開花結果，但如果是做了以後，高機率會產生負面效應的想法，就必須立刻打住。否則只會毀了對方的棒球人生。

曾經，有位擔任先發的投手，被總教練任命為終結者，我認為這絕對沒辦法順利進行。然而，總教練卻執意如此，在找我談之前，他已經聽到上百個人反對他這麼做了，想也知道不可能退讓的。因此姑且先嘗試，於是我也幫那位投手調整成為終結者。

然而一如所料，結果是失敗的。雖然無奈，但重點在於接下來的應對。總教練從短短幾場比賽的登板機會，判斷出這行不通，於是放棄轉任終結者的計畫。

「結果就只有這點決心嗎？那我也不幹了。」

若是感受到總教練的執著，我也會拼命地進行指導幫忙。然而，這麼簡單就決定更改方針，那一開始就不應該拖選手下水。在此之後，碰到我認為會干擾選手的指示時，我都會堅定站在反對的立場。

球員們也是職業的，教練不需要從頭到腳、從一到十都照顧得無微不至。下放二軍的選手，以及一次都沒從二軍爬上來的選手，這樣的球員事出必有因。有可能是沒被擺在對的位置，無從發揮自己的特色。但即使如此，自己也得想辦法力爭上游，無法突破的人就稱不上職業。儘管這樣講真的很嚴格，但這就是現實。

然而，在剛進職棒的前幾年，就得告訴選手，身為專業人員，必須具備什麼樣的基礎。**明明選手還不熟悉職業的作風，卻什麼都不願教導，這就是教練的責任了。**

因此，為了避免總教練出現錯誤的使用方法，必須掌握指導的過程，將選手情報一五一十地傳達。球員情報是球隊的共通資產，不能光由部門教練獨佔。

守則⑦

不拘泥眼前的成果，設定更遠大的目標

選手們在乎眼前的成果。畢竟這關乎到自己的評價，因此在所難免。

然而，教練應該也要考量球員的生涯，期望對方能夠長期而穩定地發揮。教練得知道該怎麼跟球員本人說明這點，讓對方能夠認同，以便教導對方持續活躍的方法。

厲害的選手，即使為了一時的成果，採取不適合的投球方式，也能硬是拿下勝利。但因為產生好成果，往後要改正就難了。然而，即使剛進職棒時投得很好，但最終止步於此，便不能稱作是稱職的職業選手。身為職棒球員，首先要能夠在整季穩定發揮，接著將表現持續好幾年，才能獲得好評。為此，教練有義務告知球員必須怎麼做。

在業務方面也是，能夠在一個月達標的人或許不少，但幾年都能持續達標的人，便所剩無幾了。

正因如此，若是能做到這點，才會被稱作「王牌」。為了一直維持表現，而得努力拼出成果，球員和上班族在這點殊途同歸。要指導球員如何能夠長久活躍，難度可說相當高。

別錯過能提供建議的機會

方法之一，就在抓準指導時機。在對方一時繳出好成績，心情正好時，趁機問他「那麼，為了維持好表現，你認為該怎麼做呢」，選手們也能聽得進去。

選手在嚴重低潮時，也是個好機會。在狀態最糟的時候，自然會非常渴望聽到加強的方法。

除此之外，其他半吊子的狀態，都不會有心想聽。即使試圖引導，也不會被用心記在腦海裡。**必須保持細心，仔細觀察選手的狀態，不要放過千載難逢的傳達機會。**

至今為止，雖然強調了目的、目標和小課題的必要性，但對於追求眼前成果的選手來說，只看得到短期目標。沒有長期大目的，就不會思考該進行什麼小課題才能達成目標。平常若只看得到一點點小目標，就無法描繪成長的過程。

大目標無論什麼都好，「想賺大錢」這種籠統的都行。但是，當想實現目標的時候，若不先拿下眼前的勝利，就無法繼續向前。

為此，只能不斷累積。而為了累積，則要瞭解自己能做到什麼。這就是為什麼需要設想大目標，再從大目標連結到小課題的思考模式。

守則⑧ 和成員保持適當的距離

選手和教練彼此之間再怎麼信任，再怎麼無話不談，也不能彼此稱兄道弟。兩者的社會階級，清楚存在著上下關係。如果不刻意區隔，就會使得某些該說的話沒辦法講，對選手不是好事。相反的，如果彼此隔閡太大，就難以構築信賴關係。**不能夠太過親密，也不能太過疏遠，必須保持適當的距離感**。

具體而言，教練必須注意場下和選手的互動。首先，絕對不能和選手私下一起吃飯。就算要吃，也得帶著全部的投手一起去。

即使在球場內，和選手兩人面對面談話時，也不要拖得太長，把重點簡潔講一講就好。

構築彼此互相尊敬的關係

人際關係多少會有強弱之別，而在日本，又難免因為年齡，多了一層縱向關係。某種層面上，這也有助於約束整支球隊。我認為這觀念在短期間內仍難以撼動。

反過來講，在不過度的情況下，保持某種上下關係確實有好處。在美國大聯盟，也是登錄天數多的人當前輩，新人則負責各種雜務差事。儘管程度不像日本，但的確存在著上下關係。

雖然有的人，會因為選手與教練間一時的話語，而感到神經兮兮。不過因為日本人重視長幼有序，常識上認為對年長的人講話要有禮貌。這規範繼續維持無妨，畢竟內心牢記講話須得體，絕對不會吃虧的。

英文雖然沒有所謂的「敬語」，但長幼用詞還是會稍有不同。這應是人類社會的正常現象。

教練也是，不能仗著自己是教練，就對選手惡言相向。**保持互相尊敬、尊重的態度，講話自然得體**。

重點在於，教練必須以選手為主體進行指導法。為此，如何找出最適當的距離，也是教練的重要任務。

守則⑨ 培養出「能完成工作，同時也受尊敬」的人

許多美國大聯盟的一流選手，同時也具有一流社會人士的風範。然而，日本卻很少有球員具有類似風範。其中的原因之一，在於媒體的性質不同。

日本媒體很愛把棒球選手當成笑柄，去報導那種讓小孩子夢想破滅的軼聞。相對地，美國媒體儘管嚴格，但會好好傳達成功人士的思想及作法。這之中也會顧慮到別讓小孩子的夢想破滅。

選手們知道這點，因此會積極參與志工及慈善活動，在沒有穿球衣的時候，行為舉止也像個紳士。我希望在日本職棒圈，至少一軍選手要能夠效仿。我在現役時期就沒有

做到，這點我非常清楚。

好比說，在還未脫下球衣的現役時代，可以季後應邀去小朋友的棒球教室進行指導，即使是當免費的志工也無妨。只要積極地參與活動，自然會獲得更好的風評。站在職棒球員立場，如果是把棒球教室當成「季後的打工」，為了高額的講師費才參加，未免也太奇怪了。

當然，如果是已經脫下制服的退役球員，那賺點外快無可厚非。但還領著高薪的選手，就別太在乎拿多少錢。**把錢捐給慈善機構固然好，不過將自己的棒球技術，「捐給」打球的小朋友們，同樣也是美事一樁**。若是無法想通這點的選手，總有一天會作繭自縛。

近來足球興起，小朋友們越來越不想打棒球。若是知名選手親自指導，展現出一流的技術，就能讓他們心懷憧憬。這對整體棒球界都是有益的事，就算退一步講，對自己也有幫助。為什麼會這樣講，是因為當自己退去球員身份時，其他年輕人卻都不想當棒球選手的話，那麼就算自己想當教練，也沒有人能教了。

棒球圈正在衰退，這是現實的問題。棒球選手正在變少，少到讓人會覺得在不久後，人才會全面消失的程度。相對地，足球和籃球的人氣水漲船高。本來以全世界而言，棒球就是人氣低迷的運動，但職棒選手卻沒有這個自覺。選手們應該更努力、更具備危機感才行。

足球界和籃球界在經年累月的努力下，創造了現在的榮景。然而在棒球界，儘管業餘人士非常努力，但職棒圈裡卻缺乏危機感。不分職棒還是業餘，大家得一起打拼，未來或許才有出路。

讓人具備社會全體的視野，別只認為是「自己的事」、「球隊的事」

我認為選手不該只注意自己，而是將眼光放到包含職棒、業餘等整體棒球圈，以及整個體育界和日本選手。**球員必須朝兩個目標邁進：不只是精進球技，人格也要有所成長。**

然而，這卻是一大難題。

若不是成熟的棒球選手，就無法理解這個層次。所以剛進職棒時，還是得先專注在如何成為一流選手。等到某個時機點，適合追求雙目標的時機到訪後，再教育這麼高層次的觀念。

不過，不是說站穩職棒的人，就得進行這樣的指導法。因為那種等級的選手，即使旁人不特別提醒，也會自己決定要不要做。

以我接觸過的人舉例，只要成為達比修有水準的選手，即使放著不管也會自己行動。我從未教過達比修選手這些，但他察覺未來會挑戰美國大聯盟時，就開始會去想相關的事了。為了能在大聯盟發光發熱，就不能沒有這方面的意識。這麼說來，達比修選手個性可說相當早熟。

即使不願意，但進到大聯盟就會見識到各式各樣的選手，獲得各種新奇體驗。因此，大谷翔平大概也會慢慢改變他的行動。不只是球技，更希望他的人格也能修行茁壯。

在我的想法裡，最適合進行雙目標指導法的，是程度卡在一軍和二軍之間的選手。

以商務人士來講，就是已經加入公司幾年，專注培養個人能力後，目前位處管理職和年輕職員間的中堅社員時期吧。

採取雙目標最大的效果，在於能用更寬廣的角度，對自己的行動萌生自覺。

自己要是沒有辦法做到好，就無法替業界帶來活力。因此會更希望每個人能夠成長、發揮。

如果能這樣想，那就太讓人高興了。

追求「工作」與「人格」雙目標

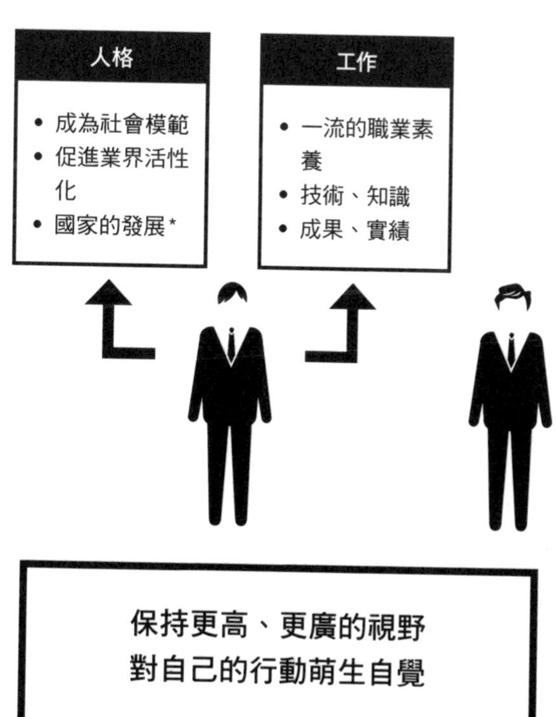

* 翻譯註：原文其實是「日本的發展」，這邊稍做修改。

專欄：影響我的指導者④

沒有壓力就不會成長 ~巴比・瓦倫泰（Bobby Valentine）教練

巴比・瓦倫泰是一位在日本和美國的職棒都當過總教練的人。他給一般人的印象，是經常在記者會上，被誘導式的提問釣中，因而大發雷霆的樣子。那樣的巴比，總是會這麼說：

「選手若是沒有經驗過責任重大、關乎成敗的場面，就不會有所成長。」

我在球員時代也有同樣的感受。在嚴峻的場面下登板，並且拿得出表現，才算得上職業一流水準。雖然敗戰處理也有其重要性，但在當敗戰處理時，其實主要是和自己的內心奮戰，而不是和敵方對決。而巴比說的狀況，則是與對方拼個你死我活。如果沒有相關經驗，選手就無法提升能力。

二軍選手因為被評估狀況不錯，所以升上一軍。狀況好的選手，就該趁手感正熱時派上場。但對總教練而言，二軍升上來的選手排序比較後面，因此會安排在沒壓力的狀況上場。然而，這其實並不合理。二軍總教練就是認為選手狀況好，足以在一軍適用才推薦的。如果沒在好的時機使用，選手的能力就會止步不前，進而影響該選手的動力。

在商務界裡，也有著類似的情形。公司會讓缺乏經驗的年輕人先去幫前輩進行簡單工作，累積經驗之後，再讓他往上挑戰更困難的事項。這種作法雖然不差，但確實會讓新人的成長速度比較遲緩。

是為了什麼上到一軍的呢？是為了什麼進到公司的呢？**不就是為了能夠在一軍出賽，或和前輩承擔相同工作的嗎？**既不是為了在一軍當個敗處，也不是為了在公司打雜。

當然，需要有人來當敗戰處理，不然都沒人要投，比賽就沒完沒了。公司內也需要有幫忙打點小事的人，要是都沒人做，工作也會卡住。在這層意義上，敗戰處理其實該交由老手負責。在無關痛癢的場面中，讓資深球員去投，把重要場面交給年輕選手。資深球員會比較瞭解敗戰處理的重要性，因此交給他們來投比較合適。公司也是，若是將簡單的工作都丟給年輕人，他們就會漸漸變得無法承擔其他事務。缺乏挑戰的機會下，過了多久都不會成長。公司也該理解到簡單任務的重要性，交給辦事迅速的老鳥負責，會更有餘裕去讓年輕社員挑戰。

讓資深球員負責兩項任務：一是敗戰處理，二是先發提早崩盤時，幫忙吃掉長局數，對整體隊形比較理想。巴比他曾要求經驗豐富的小宮山悟選手擔綱這個責任，小宮山也一句抱怨都沒講地去做了，想來是瞭解瓦倫泰教練的用意。年輕選手見狀，會認為可不能讓小宮山學長來替自己擦屁股，因此更加奮發向上，從而得到成長。在商務的場合裡，若是存在像小宮山選手這樣的人，應該就更能培養後進。

營造能容易發揮本領的環境

我在一九九七年行使自由球員資格。當時中日、巨人、西武等球隊，都有提出複數年的大張合約。但我自己內心深思熟慮後，決定完全不考慮日本職棒，而是挑戰夢想中的美國大聯盟。為此，我推掉了所有的合約，加盟紐約大都會隊。那時的總教練，就是巴比。

我忘不了一九九八年四月五號這一天。那是球隊開季第五場比賽，對手是匹茲堡海盜隊，我以五號先發的身份站上投手丘。過去在日本職棒時，初登板是什麼情形，我已經沒什麼印象了。正因如此，在晴空萬里、大聯盟舞台的初次亮相，更想要全力奮戰。

如果是普通的總教練，或許會這樣講：

「喂，阿吉，這可是第一次，全力下去投吧。」

這樣激勵的話固然不壞。不過，巴比卻是選擇在當天早上，刻意跑來我這跟我說：

「今天對你而言，是個特別的日子。不管結果如何，我都不會有意見，你喜歡怎麼做就怎麼做吧！」

最後巴比留下一句「Have fun!」便離開了。因為巴比的話語，讓我感到更為冷靜，感受到一切都值得，進而更有動力。雖然和仰木先生的作法不同，但巴比也是一位善於抓住人心的總教練。

仔細聆聽意見，並率直地給予建議

在我剛加入春訓時，巴比就曾跑來關心說：

「總教練室的門一直都敞開著，有什麼問題儘管來。」

講這種話，展現出開放態度的總教練很多。大部分的總教練嘴上都這樣說，但實際上不少人卻是大門緊閉著。既然大門緊閉，就沒辦法形成能夠輕鬆暢談的氣氛。

不過，巴比的總教練室如他所言，隨時都對外開放，何時都能造訪。在輪值地位即將不保之際，巴比邀請我「要不要去喝一杯」，帶我去了一家丹佛的小酒館。在酒過三巡之後，他慢慢切入正題：

「話說啊，有位三A的選手傷癒，要被拉上來了。這麼一來，就必須從現有輪值中剔除一人。阿吉，你願意離開輪值嗎？」

儘管我有料想到會談這個，但還是不願接受。我老實講「我不想離開輪值」，巴比也表示能夠理解。

「我知道了。那麼，稍微讓我考慮一下。」

結果，一般球隊都是安排五人輪值，巴比卻決定採用六人輪值。變成六個人輪的話，出賽數就會變少，影響到選手的合約權益，因此也有選手表達不滿。即使如此，巴比仍執意採取六人輪值。最終運氣不錯，碰到有位選手受傷離開，於是又變回五人輪值了。

球隊怎麼安排，屬於總教練的特權，即使不搞得那麼麻煩，也能直接從輪值中把我拔掉。**但是，巴比卻選擇好好跟我談話，瞭解我的意願是什麼**。這在日本難以想像。

我認為，巴比是能夠顧慮到選手的心情，並能率直表達自己意見的傑出指導者。

結語

足球教練若碰到門下弟子表現不佳，就會認為責任出在自己，而非球員。當某個方法行不通時，就會換另一種方式指導。因此，為了訓練一個技術，就必須掌握好幾種指導方法。

選手的類型無限多。忽視這點，鬆懈而不去鑽研該怎麼引導、培養選手才能的方法，等於放棄了教練的存在意義。教練一旦停止學習，就該立刻停止教學。

但在棒球圈內，卻都把沒教會的責任推給選手，這想法的落差大到令人錯愕。仔細想想，棒球圈顯然缺乏常識。為什麼會這麼說，是因為教練的工作就是在引導選手，有著讓人們去思考，知道要怎麼做的使命。然而，教練自己沒教好，卻把錯怪在選手頭上，只能說是放棄了本職。

以棒球圈為中心，世間充滿著這樣的教練。不只在體育界，商務界也有不少同樣行為的教練（上司）。我認為這樣的人應該要越少越好。

我當教練的資歷算淺，還在從錯誤中學習，半信半疑地進行指導法理論，眼前這條路是否為正確答案，我也不敢肯定。即使如此，我仍希望一邊補足缺陷，一邊施行將選手放在主體的指導，摸索著如何培育出超一流職業人士。

在我尊敬的教練中，其中一位是權藤博先生。

權藤博教練在球員時期，效力於中日龍隊，是一位傳說中的知名投手。第一年就被拔擢為主力，當時他在一百三十場比賽裡，就登板了六十九次，拿到三十五勝成為勝投王。隔年也登板六十一次拿下三十勝，連兩年都是勝投王。當時形容他的連投，出現了「權藤、權藤、雨、權藤、雨、雨、權藤、雨、權藤」的說法，還成為了流行語

然而，權藤先生因為連投過量，導致肩膀受傷，很快便結束了選手生涯。

我在近鐵時代受到了權藤教練的照顧。將原本是先發的我拉去當後援，也是權藤先生的建議。

然而，對於我的投球姿勢，權藤先生卻什麼建議都沒說。他只跟我講一句話。

那就是身為投手基本中的基本：在抬腳的時候，身體如果往後仰，是有問題的投球動作。如果靠髖關節取得平衡，就不會有往後仰的問題，但如果是用膝蓋去平衡，那就肯定會後仰。因為我確實有後仰的習慣，因此便聽從了這項建議。

「你啊，雖然坐新幹線時，坐躺椅向後躺很舒服，但投球時往後躺可是不行的喔。」

這說法立刻就能讓人聽懂。我在教學時，也借用了這個說法，畢竟太好懂了，指導的選手們馬上就能聽進去。關於投球方面的指導，權藤先生就只教我這個。由於教得實在太少了，我又對權藤先生的現役時代不熟，所以一度懷疑他當初真的是投手嗎？

相對而言，讓人留下印象的，則是權藤先生經常掛在嘴邊的這段話：

「你們都是職業級的，都有那個能力，只要願意就能做到。既然都要做的話，不如

就瀟灑地上吧。」

他幾乎都只講這個。在投手丘上慌亂不已時，他就會說「你這笨蛋。你明明就辦得到，要是被打就怪在我頭上吧」。在出現像是逃避對決的投球時，回到休息室，就會聽到他生氣地說：「我是叫你直接硬碰硬吧！你這蠢貨！」

儘管嘴上不饒人，但卻始終信賴，放心把任務交給我。

或許身為教練的我，受到最大的影響，就是來自於權藤先生吧。

權藤先生之所以採取放任的態度，是因為他曾到美國進修教練。在小聯盟裡，曾有選手不會把球打向右邊，怎麼打都只會往左邊飛。美國教練就叫他「練習往右邊打，並且牢牢記著。等你能辦到了再來找我」，日復一日地訓練打擊。

即使如此，卻還是怎麼樣都打不出右邊飛球。權藤先生看不下去，忍不住教了該選手訣竅是什麼。結果，下指示的美國教練卻告訴權藤先生：

「你這麼做，是在阻礙選手的成長。這種情況下，他如果不靠自己下功夫身體力

行，即使變得會打了，也是毫無意義。」

權藤先生瞬間領悟了這些話。從此以後，他就開始注重選手們的自主性。從這個故事裡，我也學到了教練應有的觀念。

這本著作，主要是給站在指導側的人一個參考。指導法的實行方式，每個人都有所不同。如果能藉由本書，得到將之發揮到極致的秘訣，我也會感到開心。

不過，最終我發現，指導法這回事，無法找到「指導就是這個」這般絕對的正解。這是因為時代背景在變，人的資質也隨著時代在改動。

所以，不是要把指導的內容，一股腦地灌輸到腦海裡，而是根據時代背景以及對象是誰，自我的改變也要多加留意，藉此找尋每個人最合適的指導法。這個過程將會永無止境。**我發現，只要還在當一天教練，這就是條沒有終點的道路。**

我希望選手能帶著好心情下場比賽。為此，必須教導選手，讓他們具備獨立思考、嘗試、判斷及決定的能力，這是教練的重責大任。為了加以實現，過程中必須因地制宜。而作為基本的，則是「為了選手」這個大前提。指導絕不能背離這點。

我所追求的職業級教練，是能夠貫徹自我執教哲學的人。雖然我也漸漸地找到方向，但還不是說很有把握。然而，如果每次跟選手講得都不一樣，將造成他們的混亂。我希望能夠一以貫之，好好進行傳達。

在我腦海中，最終極的教練模樣，是在進行指導後，選手無論碰到什麼事都能獨力完成，教練只要從旁輔佐即可的樣子。「最好的教練不給答案」，這或許就是我的指導哲學。現在的我，正嘗試著這個方法論。

身為教練，我希望每位選手，都能將本領發揮至極限。即使有一些缺陷，也能靠著看家本領奮戰。我想指導選手，讓他們察覺這點，提升他們的責任。

為此，心態上的相關知識就非常重要。我想多往這方面學習。

因為是投手教練，當然也得鑽研投球機制。但如同本書強調的，如何和選手溝通是一大哉問。即使聆聽選手的意見，我卻還缺乏從那些話語中，讀取對方心理狀態的能力，這方面得多鑽研心理學才行。然後，就像讓選手們回顧檢討，自己也得經常站在客觀角度，回顧檢討自己的指導法，並且更加精進才行。我相信這麼做，就能朝著終極的理想教練前進。

「持續向學」是教練最重要的資質之一。換句話說，無法持續向學的教練，必須立刻停止指導。人類的變化永無止境，只靠著自我理論和經驗的教練，是沒辦法有效教導的。

曾經抗拒當教練的我，驀然回首，也已經當了九個球季的教練了。

在這段期間，我累積了各種經驗。現在回顧球員時期，就瞭解當初教練想指導、傳達給我的是什麼。當中也有引退後，還能派上用場的知識。只可惜我在現役時沒能體會到。

往後，我想我還會再繼續擔任教練。

儘管只有棉薄之力，但想輔佐選手們，讓他們得到自己能接受的選手生涯，即使多一人也好。為此，我得提高檢視自我的能力，也要提高他人檢視自我的能力。

最後，如何在總教練與選手之間做拿捏，則是眼下面對的難題。

那麼，再會。

二〇一八年十月

吉井理人

口袋書化感言

二〇二一年八月，我在奧運停賽期要結束時，曾和擔任投手的小島和哉這麼說：「碰到關鍵的場面，卻提不起勁的時候，可以在球帽裡寫點什麼提醒自己，就能點燃氣勢喔。我在現役時期，也會在帽子裡頭寫著『球路壓低』，多虧如此，在遇上困難時，也能保持著理智仔細投球。」

那時我建議完後，他因為覺得這樣很不好意思，所以認為不需要特意去做。然而，他因為太執著邊邊角角，常讓自己投到球數落後，陷入用球數暴增的惡性循環。就在九月十一日對上樂天時，他花一百零九球投出完投勝。那場比賽裡，我看到投手丘上的小島，數度瞄向帽子裡頭，就想說「他應該寫了什麼吧」。

隔天和小島談話，他告訴我「上次在球帽裡寫東西，已經是小學時候的事了。早知這麼做就有效，應該更早開始寫的」。他寫的內容似乎是要強勢進攻之類的東西。下一場比賽，小島投出生涯第一場完封，最終拿下十勝四敗，是後半段的大功臣之一。

實際上教練能做的，就是持續累積、提供像這樣的小建議。儘管小島實踐了我過去的經驗，但他不這麼做也無妨。只要在遇上困難時，想起教練曾經這麼建議，內心就會自然放鬆。

雖然魔術數字一度降到三，但卻與冠軍擦身而過有點可惜。但在不只是爭冠，還有低比分戰的壓力下，投手依舊拼命挺住了。對曾被精神壓力擊垮的年輕選手而言，這成果能讓他們更上層樓。雖然希望能再更進一步，體驗的封王是什麼滋味，但結果如此也沒辦法。只希望往後，他們能每年都像這樣，在壓力中也能持續奮戰。

我在大聯盟時，曾有人（應該是葛瑞格．麥達克斯說的）告訴我「**越是重要的比賽，就越不應該追求完美，而是有做好便足矣**」。這點不也和追求選手成長和結果的指導法吻合嗎？

球隊在這一年也沒有做到完美，不過還是個好的球季。往後，我自己也將秉持著「做好」的心情，讓選手們發揮本領。如此一來，球隊必然會變強。我當了十二年的教練，再度有所體悟。

那麼，再會。

二〇二一年十一月
吉井理人

入魂 29

最好的教練，不給答案

打造日本第一的最強領導法，日本冠軍教練不藏私的執教指南

最高のコーチは、教えない。

作者　吉井理人
譯者　科科任

堡壘文化有限公司
總編輯　簡欣彥
副總編輯　簡伯儒
行銷企劃　許凱棣、曾羽彤、游佳霓、黃怡婷
封面設計　萬勝安
責任編輯　簡伯儒
內頁構成　李秀菊

出版　堡壘文化有限公司
發行　遠足文化事業股份有限公司（讀書共和國出版集團）
地址　231新北市新店區民權路108-3號8樓
電話　02-22181417　**傳真**　02-22188057
Email　service@bookrep.com.tw
郵撥帳號　19504465 遠足文化事業股份有限公司
客服專線　0800-221-029
網址　http://www.bookrep.com.tw
法律顧問　華洋法律事務所　蘇文生律師
印製　韋懋實業有限公司
初版一刷　2024年1月
初版2.6刷　2024年2月
定價　新臺幣420元
ISBN　978-626-7375-39-6

國家圖書館出版品預行編目（CIP）資料

最好的教練，不給答案：打造日本第一的最強領導法，日本冠軍教練不藏私的執教指南／吉井理人著；科科任譯. -- 初版. -- 新北市：堡壘文化有限公司出版：遠足文化事業股份有限公司發行, 2024.01
面；　公分. --（入魂；29）
譯自：最高のコーチは、教えない。
ISBN 978-626-7375-39-6（平裝）

1.CST: 吉井理人　2.CST: 棒球　3.CST: 教練　4.CST: 運動訓練
5.CST: 領導理論

528.955　　112020156